KB116647

부자 수업

백만장자와의 여행으로 배우는
부자 수업

지은이 박성득 · 강호
펴낸이 임상진
펴낸곳 (주)넥서스

초판 1쇄 발행 2017년 11월 5일
초판 3쇄 발행 2018년 1월 5일

2판 1쇄 인쇄 2020년 10월 20일
2판 1쇄 발행 2020년 10월 26일

출판신고 1992년 4월 3일 제311-2002-2호
주소 10880 경기도 파주시 지목로 5
전화 (02)330-5500 팩스 (02)330-5555

ISBN 979-11-90927-85-7 03190

www.nexusbook.com

백만장자와의
여행으로 배우는

부자 수업

박성득 · 강호 지음

넥서스BIZ

삶의 무게

십수 년 다니던 직장을 그만뒀을 때, 삶의 막막함과 함께 난생처음 겪
는 외로움이 찾아왔다. 이런 종류의 외로움은 가족과 나누기 힘들다.

'괜찮아. 당신은 아무 걱정하지 마. 그냥 예전처럼 지내면 돼. 내가
다 생각이 있어.'

이렇게 아내를 안심시키기는 했다. 그러나 두 아들 녀석들이 툭탁이
는 모습을 보고 있으면 어깨에 큰 짐이 툭툭 올라붙는 것 같았다. 이게
'가장'이라는 사람이 짊어져야 할 삶의 무게구나, 절실히 깨달았다.

아직 직장에 남아 있는 동료들에게는 쉽게 전화를 걸기 힘들었다.
내가 선택해서 그만뒀든 '명퇴'를 당했든 그런 것은 그들에게 중요하
지 않을 것이었다. 배에서 내린 사람. 뭐, 그 정도가 아니었을까. 공연

히 쓸데없는 불행이 전염될까 봐 두려울 뿐이었으리라.

친구 녀석에게 한번 전화를 건 적이 있다. 그때의 거절이 마음에 소용돌이를 만들었다. 평소 같았으면 아무렇지도 않았을 터였다. 그러나 견디기가 힘들었다.

"아, 회사 그만뒀어? 왜 그랬어? 그냥 꾹 참고 붙어 있지. 네가 지금 그 나이에 어딜 가서 뭘 하냐. 오늘 저녁? 야, 요즘 우리 회사 비상이야. 오늘도 야근이다. 별수 있냐? 먹고살려면. 담에 보자. 끊는다."

그 이후로 한동안 누구에게라도 다시 번호를 누를 용기를 내기 힘들었다. 마흔여섯의 나이에 겪는 외로움은 꽤나 무거웠다.

배낭여행 가자!

왜 다들 회사를 그만두면 자그마한 사무실이라도 하나 구하는지 이유를 알 것 같았다. 갈 곳이 없었다. 회사를 그만둔 뒤 처음에는 카페를 전전했다. 계속할 수가 없었다. 기적처럼 매월 통장에 꼽히던 월급이 사라졌기 때문이었다. 일상의 자질구레한 비용에 공연히 신경 쓰였다. 그런 내 모습을 보면 짜증이 났다. 이 나이에….

고심 끝에 도서관을 택했다. 하루 종일 앉아 있어도 눈총 받지 않는 곳. 책이나 맘껏 읽으리라, 그런 심사였다.

"강 국장님, 부산에 한번 내려오소."

박 선생이 전화를 걸어온 건 그렇게 찾아간 도서관에서 무료하게 서

성거릴 때였다. 전에 다니던 회사에 전화를 했다가 알았다고 했다. 선생은 늘 나를 "국장님"이라고 부른다. 이전 직장의 마지막 직함인데, 호칭을 고치지 않는다. 사실 그런 게 선생의 매력이다. 회사에서 떨어져 나오면 호칭도 '○○ 씨'로 은근슬쩍 바꾸는 게 세상인심이었다. 짐짓 모르는 척 넘어가지만 적지 않은 사람들이 퇴사 소식을 듣자마자 호칭을 바꿨다. 뭐, 계속 유지할 관계와 그렇지 않을 관계를 나눠주는 기회라고 생각하면 될 테지만, 썩 기분 좋은 일이 아니었다. 하지만 선생은 호칭을 바꿀 생각이 없는 듯했다. "나는 한 번 국장님이면 영원히 국장님입니다." 심한 부산 사투리로 선생은 전화기 너머에서 그렇게 말했던 것이다.

이런저런 인사 끝에 선생이 부산으로 나를 초대했다. 자갈치 시장에서 회나 한 접시 먹잔다. 가겠다고 했다. 딱히 거절할 이유도 없었다. 남들은 회사를 그만두면 혼자 여행을 다녀오곤 하던데, 해외로도 가던데, 그런 생각이 들었다. 박 선생을 핑계로 부산이나 한번 다녀와야겠다, 거긴 바다가 있다, 그렇게 생각했다. 뭔가 공간이 달라지면 생각과 마음이 트일 것 같은 기대도 있었다.
"강 국장님, 우리 배낭여행 한번 갑시다."
자갈치 시장에서 털게와 회, 매운탕을 잔뜩 먹고 나서 커피숍에 마주 앉았을 때 박 선생이 지나가듯 툭 말했다. 3초 정도 정적이 흘렀다.

내가 픽 웃었다. 선생의 나이가 올해로 예순이다. 내 나이는 마흔여섯. 어딜 놓고 봐도 배낭여행 갈 조합은 아니다.

"농담도 잘하셔."

선생이 어딘가 기운 없어 보이는 나를 웃기려 하는 농인 줄 알았다. 그런데 아니었다. 선생은 진지했다.

"비용은 걱정 마세요. 아내 분께 허락이나 받아놔요. 한 세 달 정도 여행을 떠나도 되는지."

나는 다시 한 번 웃었고, 대화는 이내 다른 쪽으로 흘렀다. 그리고 서울로 올라왔다. 올라오는 기차 안에서 선생이 여행 운운했던 것은 까마득히 잊어버렸다.

그런데 이틀 후 전화가 왔다.

"허락은 받았소?"

선생이 다짜고짜 물었다. 잠시 내가 맥락을 못 찾아 허둥대자 선생이 재촉했다.

"배낭여행 말이오."

진짜였나보다. 기억을 더듬어 엊그제 부산에서 선생이 배낭여행을 제안했던 것을 떠올렸다. 그때 그 농담이 재밌다고 느끼셨나?

"선생님, 별로 안 웃겨요."

"농담 아니오. 빨리 허락받고 전화 주시오."

내가 대답할 겨를도 없이 전화가 끊겼다. 진심인가. 긴가민가했다.

하지만 아내에게 물어는 봐야 할 듯했다.

"배낭여행? 호호. 박 선생님이 그러셔? 얼마나? 뭐? 세 달? 호호, 통크시네. 당신은 그 말씀을 진담으로 믿어? 뭐? 농담이 아닌 것 같다고? 당신 참 순진해. 잘 생각해봐. 박 선생님이 뭐가 아쉬워서 당신이랑 여행을 가? 아니 당신이랑은 10년 인연이 있으니까 그렇다 쳐. 그 선생님이 도대체 왜 '배낭여행'을 가시냐고. 백만장자도 아니고 억만장자쯤 되시는 분이. 그래도 물어보셨으니 답은 드려야 한다고? 좋아, 두 달 정도는 허락해줄게. 세 달은 너무 길어. 하하하. 박 선생님 유머 감각 좋으시다."

아내의 반응이 이랬다. 뭐, 나라도 그렇게 말했을 것 같다. 아마도 농담이시겠지.

다음 날 또 전화가 왔다.

"뭐라셔요? 아내 분은?"

"네? 아, 네. 세 달은 너무 길고, 두 달은 된답니다."

"그래요? 됐네요. 그럼 남미는 안 되겠고, 일단 유럽만 두 달 다녀옵시다."

"네? 지, 진짜요?"

"진짜지, 그럼. 내가 비싼 밥 먹고 왜 거짓말을 해요? 빨리 계좌번호 불러요. 돈 들어가면 당장 비행기 표와 유레일패스 끊고요."

뭔가에 홀린 기분이었다. 진짜 가긴 갈 모양인가? 그러자 왈칵 걱정이 밀려왔다.

"선생님, 저 영어 못해요."

"읽을 줄은 알 거 아뇨. 갑시다."

"선생님, 제가 아주 심각한 길치인데요."

"내가 감이 아주 좋아. 길 잘 찾아요. 갑시다."

"숙소 예약이나 이런 것 한 번도 안 해봤는데요."

"이번에 해보면 되잖아요. 갑시다."

"선생님, 제가 코를 엄청 골거든요. 아마 못 주무실 거예요."

"강 국장님! 날 때부터 다 갖추고 인생 사는 놈 없어요. 만약 그랬다면 나 같은 건 이미 이 세상 사람이 아닐 거야. 알죠? 15살 때 완전히 빈손으로 부산 바닥에 들어갔다는 거. 여행도 인생살이랑 뭐가 달라요? 그냥 부딪쳐보면 되는 거지. 이래서 안 되고 저래서 안 되고, 그거 다 핑계야. 강 국장님이 코 골면 내가 빨래집게로 짚어놓고 잘게요. 그러니 갑시다. 기다리겠소."

전화는 거기서 끊겼다. 내가 더 징징거릴 겨를도 없었다. 그랬지. 선생이 처음부터 백만장자는 아니었지. 15살에 부산 올라와서 일식집 보조로 일하면서, 이래서 미움 받고 저래서 얻어터지고 하다가 한 단계 올라서 호텔 요리사가 되고, 부산 최고의 일식집 경영자가 되고, 그리고 주식 투자자로 변신했었지. 정신이 퍼뜩 들었다. 그런 선생이 지금 내게 기회를 주는 거 아닌가. 선생이 안 가겠다고 버티고 내가 가자고 졸라야 될 일이 거꾸로 된 판에 지금 내가 뭐하고 있는 건가.

빗속에서 춤추라!

하지만 망설임이 없었던 것은 아니다. 마흔여섯, 적지 않은 나이에 다시 인생을 시작해야 하는 것이나 다름없는 내 상황 때문이었다. 회사를 떠날 때는 호기롭게 "꿈을 찾아가노라" 하고 어깨 쫙 펴고 걸어 나왔지만, 기를 쓰고 살 길을 모색해야 하는 시기였다. 이십 대, 삼십대의 실직과는 질이 달랐다. 자고 일어나면 막막함이 어깨와 목을 짓눌렀다. 그런 때에 배낭여행은 너무 한가롭게 느껴졌다.

"다녀와. 좋은 기회네. 거기 뭐가 있을지 모르잖아."

내 이야기를 전해들은 아내가 어깨를 툭툭 치며 친구처럼 말했다.

"하지만… 내가 지금 그럴 상황이….

"빗속에서 춤추라, 당신이 한 얘기 아냐? 다녀와. 두 달 정도면 내가 흔쾌히 허락할게."

"…!"

빗속에서 춤추라. 내 나이 마흔이 넘었을 때 했던 결심을 아내에게 들려준 적이 있었다.

마흔이 될 때까지
바보같이 기다리기만 했다.

초등학교 때는
학교가 파하기만을…

중학교 때는
연합고사 끝나기만을…

고등학교 때는
대학 들어가기만을…

대학에 들어가서는
내 손으로 돈 벌기만을…

직장에 들어가서는
성공하기만을…

미국 작가 비비언 그린은
"인생이란 폭풍우가 지나가기를 기다리는 게 아니라
빗속에서 춤추는 법을 배우는 것"이라 했다.

조금 더 어렸을 때
이 말의 뜻을 이해했으면…

안타까웠다.
그러나 지금이라도 빗속에서 춤추는 법을 배울 것이다.

언젠가 아내에게 그렇게 이야기한 적이 있었는데, 정작 나는 잊고 있었나보다.

그래, 떠나자. 빗속에서 춤추는 법을 배워보자. 아니 빗속에서 춤을 춰보자.

1789년 9월 3일, 37번째 생일 파티가 있던 날 밤, 새벽 3시에 괴테는 집을 몰래 빠져나와, 여행 가방과 오소리 가죽 배낭만 들고 홀연히 마차에 올랐다고 한다. 그 길로 이탈리아행이었다.

"그렇게 하지 않았더라면 사람들이 나를 떠나게 내버려두지 않았을 테니까."

이렇게 말하면서.

그런 기분이었다. 삶이 내게 한번 떠나보라고 손짓하는 것이지 싶었다. 잠시 쉬어가라, 마련해준 인생의 보석 같은 시간과 기회를 왜 그리 웅크린 채 보내려 하느냐, 그냥 빗속이든 폭풍우 속이든 떠나라는 것 같았다. 세상은 훨씬 더 넓고 삶은 훨씬 더 풍요롭다는 것을 느끼고 오라고 말이다.

그렇게 나는 떠나기로 결심했다. 그리고 2주 후에 유럽행 비행기에 몸을 실었다.

'그렇게 하지 않으면, 내가 나를 떠나게 내버려두지 않았을 테니까. 삶의 무게에 온통 짓눌려 하루하루를 전전긍긍하며 살게 됐을 것이니까.'

강호

차례

I

영국 런던

프랑스 파리

최고의 준비

'그래, 공부터 차 놓자.'

막상 여행을 떠나려고 하니 덜컥 겁이 났다. 모든 것이 생소했고, 무엇부터 준비해야 할지 몰랐다. 제주도로 가족여행을 갈 때도 비행기 표를 예약하는 것이나 숙소를 미리 잡아놓는 것 등을 모두 아내에게 미뤄오던 터였다. 정해진 날짜에 비행기 표를 찾아 예약하는 것부터가 쉽지 않았다. 항공사마다 여러 종류의 표가 있었다. 어떤 조건으로 사야 똑같은 표를 더 싸게 구매할 수 있는지 구분하는 것 역시 쉽지 않았다. 한국에서도 이런데 막상 떠나면 어떤 일이 발목을 잡을까. 공연한 걱정이 뭉게뭉게 피어올랐다.

컴퓨터 모니터만 뚫어지게 바라보며 아, 아, 한숨만 푹푹 내쉬었다. 그냥 하염없이 책장의 책들을 눈으로 훑을 뿐이었는데, 문득 예전에 함께 책을 몇 권 만들었던 저자의 책이 눈에 띄었다. 그리고 자동적으로 그때 그 저자가 내게 들려준 말이 생각났다.

"한국 축구가 왜 강한지 알아요?"

내가 고개를 젓자 그는 대답했다.

"공 차 놓고 뛰는 정신 덕분이에요."

"!"

CJ 그룹 마케팅 부사장 출신으로 지금은 잘 나가는 푸드테크 기업 '배달의민족' 마케팅 고문을 맡고 있는 신병철 박사의 얘기다. 그의 설명은 이랬다. 한국이 비약적인 경제 발전을 이룩할 수 있었던 이유, 그리고 올림픽 같은 큰 대회에서 놀라운 성적을 종종 거두는 비결은 일단 공을 찬 다음에 그 공을 쫓아 '죽어라 뛰는' 데 있다는 것이었다. 그 얘기를 들을 때는 피식 웃었지만, 생각할수록 그 말 속에 진실이 깃들어 있었다.

한 번도 해본 적이 없는 일은 기본적으로 성공 가능성이 없다. 그걸 일정한 확신이 들 때까지 기다리며 '나중에, 나중에' 하고 미루다보면 시간은 이미 돌이킬 수 없이 흘러가 버린다.

인생을 풍요롭게 경험하고 살려면 일단 공을 원하는 방향으로 차 놓아야 한다. 그리고 그 공을 향해 전속력으로 뛰어야 한다. 그래야 변화가 일어난다. 회사를 그만두면 어떻게 될까? 당장 매월 가족들의 생활비는 어떤 일을 해서 마련하지? 바로 이런 질문들이 두려움이라는 이름으로 바뀌어 우리를 옭아맨다. 어쩌면 그 두려움이 나를 14년 동안 한 직장에 묶어두었는지도 모르겠다. 지켜야 할 가족, 직장에서의 커리어, 뒤처지고 싶지 않은 마음, 이런 것들에 눈이 가려지면 10여 년의 시간은 훌쩍이다. 그 사이에 내가 꿈꾸었던 일, 원했던 여행, 나를 돌아보는 쉼, 이런 것들은 뒷전이 되어버리고 만다.

그러니 꿈이든 여행이든, 사랑하는 사람과 시간을 나누는 일이든, 중요하다고 생각되면 일단 공을 차 놓아야 한다. 그런 다음 그 공을 잡기 위해 달리면 된다. 단순하지만 강하다. 돌이켜보면 일단 공을 차 놓았던 일은 대체로 다 수습됐다. 내가 어떻게 이런 일을 했지 싶을 정도로 썩 훌륭하게 말이다. 이런 경우, 저런 경우를 떠올리며 공연히 아직 일어나지도 않은 일을 걱정부터 하는 것이 준비가 아니다. '설교의 황태자'라고 불렸던 찰스 스펄전 목사는 "10년 근심하는 것보다 10분 기도하는 것이 낫다"고 했다. 최고의 준비는 10분 기도한 뒤, 곧바로 공을 차는 일이었다.

'그래, 공부터 차 놓자.'

그 뒤로 여행 준비는 일사천리였다. 출발 전날이 되고 보니 걱정했던 것과는 달리 모든 출발 준비가 깔끔하게 끝나 있었다. 나이가 마흔이 넘을수록 공 차 놓고 뛰는 정신이 더욱 필요하다는 것을 새삼 확인했다. 세상에 대한 호기심이 줄어들고 새로움을 버거워하다보면 변화를 두려워하게 되고 현실에 안주하게 된다. 누구나 날 때부터 '꼰대'로 태어나지는 않는다. 자신의 경험을 믿고 그 경험 안에서 사는 삶의 편안함에 중독되어 변화에 눈감고 도전을 회피할 때, 그때부터 남의 도전을 비웃는 꼰대가 되는 거다.

새로운 일을 맞닥뜨려 두려움이 눈앞을 가릴 때, 잊지 말아야겠다.

일단 공부터 차 놓는 거다.

그런 다음 심장이 터질 만큼, 폐가 풍선처럼 부풀어오를 만큼 최선을 다해 뛰는 거다.

관찰

"제가 좀 호기심이 많습니다."

아까부터 선생은 미동도 하지 않고 창밖을 보고 있다. 이륙할 때는 그저 창밖으로 지상의 건물과 도로들이 장난감처럼 작아지는 광경을 보기 위해 그러려니 생각했다. 그런데 3시간이 지나도록 선생은 창밖만 뚫어지게 쳐다보고 있다.

요리사에서 부산 최고의 횟집 경영자로, 그리고 드라마틱하게 주식 투자자로 변신한 박 선생이기에 특이한 줄은 잘 알고 있었다. 그런데 이렇게 특이할 줄은 몰랐다. 비행기에서 장장 3시간 동안 창밖만 들여다보고 있다니.

이쯤 되면 궁금하지 않을 수 없다.

"선생님, 아까부터 계속 창밖만 보고 계시네요."

그러자 선생은 창밖을 바라보는 시선은 떼지 않은 채 대답했다.

"제가 좀 호기심이 많습니다."

"…"

10여 년을 알고 지낸 사이라 해도 함께 여행을 떠나는 것은 처음이다. 뭔가 어색하기도 해서 더 이상 묻지 않고 두리번두리번 하릴없이 비행기 안을 둘러보았다. 한참을 그러다가 다시 선생을 봐도 여전히 똑같은 모습으로 창밖을 바라보고 있다. 자꾸 캐묻기 좀 그렇지만 다시 물었다.

"선생님, 창밖에 뭔가 재미있는 게 있나요?"

그제서야 선생은 창에서 눈을 떼 나를 바라보며 대답했다.

"구름의 모양에 따라 비행기 몸체가 어떤 움직임을 보이는지 살펴보고 있었어요. 강 국장님, 그거 알아요? 저 창밖에 보이는 구름 있잖아요? 그 구름이 양털처럼 잔잔하게 펼쳐져 있으면 비행기도 흔들림 없이 잘 날아갑니다. 그러다가 구름 사이로 지상이 얼핏얼핏 보이고, 군데군데 세로로 세워진 구름 기둥이 보이면 어김없이 비행기가 요동을 칩니다. 뭐, 그런 것을 보고 있었어요."

특이하다. 정말, 매우, 아주 특이하다. 일반적으로 사람들은 대부분 비행기 안에서 잠을 자거나, 영화를 보거나, 여행 책을 보며 내려서 무엇을 할까 계획한다. 이게 자연스러운 거다. 하지만 선생은 이런 일은 아예 하려고도 안 한다.

그 대신 선생은 창밖을 보며 구름을 관찰한다. 작은 비행기와 큰 비행기의 고도 차이를 직접 눈으로 확인한다. 구름이 평평하게 잘 깔려 있는지 본다. 그렇게 여행 중에 비행기가 많이 흔들릴 곳을 예측하고, 평탄하게 날아갈 곳을 짐작한다. 그리고 비행기의 경로를 예상하며 지금이 중국 상공인지, 서해 근처인지를 확인한다. 도대체 왜?

다른 사람들은 보통 비행기에서 자거나 영화를 보거나 음악을 듣거나 한다고 박 선생에게 말했다. 정 그런 것에 취미가 없으면 내려서 무엇을 할 것인지 계획을 세운다고도 전했다. 그러자 선생이 말했다.

"난 리스크는 뚫어지게 관찰하고 움직임을 체크하고 대비합니다. 근데 노는 건 계획을 잘 안 세워요. 노는 건 나 좋자고 하는 건데, 일정에 얽매여 끌려다니는 것처럼 싫은 일이 어딨어요. 그래서 난 여행도 여행사 따라 잘 안 가요."

일반적으로 사람들은 위험을 자꾸 외면하려 한다. 리스크를 어떻게 대비해야 할지 계획을 세우지 않는다. 생각할수록 골치 아프고 불안하기 때문이다. '아, 몰라, 몰라. 어떻게 되겠지.' 그 대신 노는 데는 1분, 1초를 아껴가며 열심히 계획을 짠다. 온몸이 지쳐 떨어질 만큼 빈틈없이. 그래서 위험은 대비하지 못하고 놀 때도 제대로 놀지 못한다.

그런데 선생은 특이하다. 정반대다. 리스크에 대해서는 단 1초도 눈을 떼지 않으려 한다. 그게 설사 통제할 수 있는 영역이든, 항공기처럼 스스로 통제할 수 없는 대상이든 늘 관찰해서 리스크를 감지하려고 한다. 그건 거의 선생의 본능 같은 것인가 보다.

"죽을 때 죽더라도 마지막까지 할 수 있는 건 최대한 해본다는 게 내 주의입니다. 하다못해 이 비행기가 추락하게 되면, 그걸 미리 알고 가방이라도 꺼내 그것으로 충격을 줄이려는 노력을 해본다는 겁니다. 난 지금껏 그렇게 살아왔습니다."

언젠가 선생이 내게 비슷한 얘기를 했다. 고속도로를 달릴 때였는데, 도로를 달릴 때도 항상 옆의 차와 맞은편에서 달려오는 차에 주의를 기울인다는 거였다. 맞은편에서 달리는 차가 중앙선을 넘어올 경우, 핸들을 어디로 돌려서 어떻게 위험을 피할 것인지를 이미지트레이닝을 한다는 거였다. 그때 나는 '과장이 심하시네' 하며 웃어넘겼다. 그런데 함께 비행기를 타보니 그게 과장이 아니었다.

반면에 선생은 여행을 하며 무엇을 보고 무엇을 체험할 것인가에 대해서는 거의 무관심에 가까울 정도로 무심했다. 우리가 탄 비행기가 분명 프랑크푸르트를 거쳐 런던으로 날아가고 있음에도 "강국장님, 우리 처음 도착하는 유럽의 도시가 어디요?"라고 묻는다. 그것도 여러 번 묻는다. 뒷목을 잡을 뻔했다. '선생님, 탑승권에 또렷하게 적혀 있고요, 아까 인천공항 키오스크에도 분명히 런던이라고 나왔잖아요. 그리고 여행 전에 제가 몇 번을 말했습니까?'라는 말이 목구멍까지 차올랐다.

하지만 그렇게 말하는 선생의 해맑은 표정을 보면서, 선생은 보통 사람과는 아주 다른 시선으로 세상을 보고 파악한다는 것을 어렴풋이 짐작할 수 있었다.

　곰곰 생각해보니 선생의 그런 모습은 주식 투자를 할 때와 비슷한 것 같다. 주식도 끊임없이 시장을 관찰하는 것 아닌가. 선생은 주식에 입문할 무렵, 밤마다 경제 방송을 켜두고 미국 나스닥과 다우지수의 등락을 실시간으로 관찰했다고 한다. 자다가도 얼핏 일어나 지수를 확인하고 또 잠들었단다. 10여 년 전 선생이 주식 투자 책을 쓸 때 이야기한 적이 있다. 그렇게 끊임없이 주식 시황과 국내 상황, 기업의 공시를 예의주시했다는 거였다. 그렇게 여러 지표들을 예의주시하다보면 시장의 움직임에 따라 사람들의 마음이 어떻게 요동치는지가 또렷하게 눈에 들어온다는 거였다.

　'이번 여행은 선생을 관찰하고 뜯어보고 그것을 내 안에 고스란히 복제하려 노력하는 여행이기도 하겠다.'

　그런 생각이 들었다.

　'어떻게든 되겠지.' 그런 생각으로 지금껏 살아왔다. 하지만 그러다보니 막상 위기 상황이 닥치자 우왕좌왕하게 됐다. 마음은 허방을 짚고, 무엇을 어떻게 해야 하는지는 잘 가늠이 되지 않았다. 왜 비상사태를 대비해 군대에서든 국가에서든 매뉴얼을 준비해놓는지 닥쳐보니 이해가 됐다. 개인도 비상시를 대비해야 한다. 그것도 아주 꼼꼼하게. 여행을 떠나기 전에 내가 피부로 느낀 일이었기에 선생의 리스크 '관찰'은 예사롭지가 않았다.

'그대로 따라해봐야지.'

그렇게 마음먹고 있는데 선생이 모니터에 비행기의 항로와 하늘에서 바라본 지상의 모습, 시차 등을 번갈아 보여주는 화면을 띄웠다. 슬슬 기내에서 영화나 한 편 볼까 했던 나 역시 선생을 따라 같은 화면을 띄웠다.

그리고 그렇게 비행기가 프랑크푸르트에 내릴 때까지 선생과 나는 12시간 동안 그 화면을 바라보며 비행을 했다. 선생의 호기심은 놀라울 정도였고, 끊임없는 질문이 이어졌다.

"강 국장님, 여기는 지금 어디예요?"

"강 국장님, 이제 중국인가?"

"강 국장님, 아직도 러시아 땅이네?"

"강 국장님, 지금 고도가 3만 피트를 넘었네요."

"강 국장님?"

선생은 끊임없이 화면에 올라오는 수치와 창밖으로 보이는 풍경과 현재 비행기의 진동 상태를 종합하고 있었다.

착륙 직전에 내가 선생에게 물었다.

"한숨도 안 주무시고 계속 비행 상태를 체크하시던데요. 안 힘드세요?"

그러자 선생은 무슨 소리냐는 듯 웃으며 답했다.

"난 이런 거 정말 좋아해요. 재미있어요."

이런, 혹시 선생은 외계인이 아닐까. 묘한 불안감이 엄습했다.

'이번 여행, 만만치 않겠구나.'

머릿속에서 그런 묘한 긴장감이 일었다.

'어떤 일이 벌어질지 한 번 부딪혀보자.'

각오를 다지며 주먹을 꾹 쥐었다.

'죽기야 하겠어?'

화양연화

"선생님, 도대체 왜 이러시는 거예요?"

"오늘은 어디 갈 거요?"

오늘은 선생의 전투가 없는 날이다. 선생의 전투란, 주식 시황 확인을 말한다. 유럽의 새벽 1시쯤 한국의 증시가 열린다. 그래서 선생은 매일 저녁 7~8시에 잠자리에 든다. 그리고 1시에 일어나서 한국의 증시가 끝나는 7시경에 식사를 하러 간다. 그래서 나도 그 사이클에 맞춰야 한다. 하룻밤 자고 나니 마치 부부처럼 친해지고 격의가 없어졌다. 그러자 선생은 잠자는 내게 시도 때도 없이 장난을 걸어왔다. 투덜대며 일어나 같이 커피를 마시고 두런두런 얘기를 나누는 것이 재미있긴 했지만 계속 이러면 피곤해서 쓰러질 수도 있겠다 싶었다.

하지만 다행히 주말에는 증시가 열리지 않는다. 그런 날은 선생도 나도 원 없이 자는 날이다. 그런데 오늘은 전투도 없는 날인데, 선생은 새벽같이 일어나 곤히 잠든 나를 깨웠다. 그러곤 아직 잠이 덜 깨 부스스한 나를 보며 그렇게 물었다. 어제 미리 대충 정해두길 잘했다.

"베이커 스트리트에 있는 셜록 홈스 박물관하고 그 옆에 있는 마담 투소 박물관, 그리고 비틀즈 숍에 가보려고요."

"비틀즈 숍? 어, 그래요. 거기 좋겠네요."

선생의 표정이 여느 때와는 달랐다. 뭔가 잠시 그늘이 드리워졌다고나 해야 할까. 그러더니 곧 밝아진 표정으로 말했다.

"아침 먹으러 갑시다. 든든히 먹어두세요. 점심은 건너뛸지도 모르니까요."

"선생님, 점심은 드셔야 합니다. 제 몸을 보세요. 한 끼라도 굶으면 이 큰 몸을 어떻게 움직입니까?"

"강 국장님은 다이어트 좀 해야 돼요. 뭐 그 배랑 엉덩이에 저장된 영양분이면 한 끼 굶는다고 어찌 되지도 않겠네. 그리고 그래서 아침을 든든히 먹어두라는 거 아니에요."

아, 정말 큰일이다. 이제 겨우 여행을 시작한 지 나흘밖에 안 됐는데, 벌써 입고 온 청바지가 헐렁해진 느낌이다. 평소 먹던 양의 절반도 못 먹고 있다. 뭔가 대책을 세우긴 해야 할 것 같다. 가지고 온 비상금으로 몰래 뭔가 사 먹을까? 군대에서처럼 초코바라도 숨겨놓아야 할 것 같다. 이건 내가 생각했던 여행과 달라도 너무 다르다. 산해진미까진 아니어도 돈 걱정 없이 맛있는 것을 잔뜩 먹을 수 있을 줄 알았다. 선생과 약속을 할 때 이런 일이 일어날 줄은 몰랐다.

"비용은 내가 다 부담합니다. 여러 소리 하지 마세요. 여행을 먼저 권한 사람이 나예요. 나는 돈에 여유가 있으니 돈을 부담할게요. 강 국장님은 외국어를 할 줄 알고 지식이 있으니 그것을 부담하면 되겠습니다. 단 회계는 강 국장님이 하세요. 배우고 싶다고 했잖아요. 여행의 일정과 그에 따른 모든 수속도 강 국장님이 하는 겁니다. 나는 하라고 시켜도 못하니까, 뭐 이러나저러나 국장님이 해야겠네요. 아, 그리고 절대 개인 돈 쓸 수 없습니다. 꼭 지키세요. 약속이에요."

그 마지막 조항이 왜 있었나 싶었는데, 목적은 내 다이어트였단 말인가.

셜록 홈스 박물관에 도착하자 아직 10시밖에 안 되었는데 꽤 긴 줄이 늘어서 있었다. 재빨리 표를 사서 줄 뒤에 붙었다. 하지만 꽤 오랜 시간이 흘러도 줄이 잘 줄어들지 않았다.

"그냥 여기부터 갑시다."

선생이 바로 옆에 있는 비틀즈 숍을 가리켰다.

"여태껏 줄을 섰는데 조금만 더 기다리죠. 선생님, 저 여기는 꼭 가고 싶어요. 다른 곳도 아닌 베이커가 221b에 있는, 소설 속에서 홈스가 살았던 바로 그 주소에 있는 박물관이란 말예요. 여기 진짜 홈스가 살았을 것 같거든요."

셜록 홈스 박물관

"알았소."

뭔가 시무룩한 선생의 표정이 맘에 걸렸다. 하지만 이건 양보할 수
없는 일이다. 가고 말거다, 여기는.

또다시 꽤 오랜 시간을 기다려서야 셜록 홈스 박물관에 들어갈 수
있었다. 하지만 선생은 관심이 없는 듯했다. 잠시 건물 안의 집기나 전
시물들을 구경하는 듯 마는 듯 대충 보더니 "이제 갑시다" 하며 대답도
듣지 않고 계단을 내려가 버렸다. 말릴 겨를도 없었다. 선생은 박물관
밖으로 도망치듯 나가버렸다. 1시간을 기다려 들어온 곳에서 달랑 5분
만에 나가다니. 나는 선생을 뒤에서 몇 차례 불렀지만 아무 소용이 없

비틀즈 숍

었다. 어쩔 수 없이 나는 시무룩하게 선생을 따라 비틀즈 숍으로 들어
갈 수밖에 없었다. 숍 안에서는 〈아이 원 투 홀드 유어 핸드〉(I Want To
Hold Your Hand)가 흘러 나오고 있었다. 근데 이게 무슨 일? 선생은 또
5분도 안 돼서 문을 박차고 뛰어나가 버렸다.

"선생님, 도대체 왜 이러시는 거예요?"

선생을 쫓아 뛰어나간 내가 따지듯 물었다. 그러다 곧 입을 다물 수
밖에 없었다. 선생의 눈가가 촉촉해져 있었기 때문이었다. 때마침 런
던의 날씨는 부슬부슬 비가 내리고 있었기에, 혹시 빗물인가 했지만
그건 아니었다. 선생은 좀 걷자고 했다. 그러고는 한동안 말이 없었다.

양쪽 옆에 늘어선 고색창연한 벽돌집을 따라 우리는 한동안 목적 없이, 정처 없이 걸었다. 그러다가 선생이 불쑥 입을 열었다.

"여기, 여기 이 가슴이 아프고 뜨거워져서 도저히 견딜 수가 없었어요. 미안해요. 나는 아까 나온 비틀즈의 노래 제목조차 모릅니다. 그 노래의 가사도 무슨 뜻인지 하나도 모르고요. 하지만 그 가락은 선명하게 기억합니다. 내 사춘기 시절 부산 거리를 걷다보면 들려오던 노래였거든요. 근데 그 노래를 듣고 있자니, 어떻게 표현은 안 되는데 마음이, 가슴이 아파요. 잘 설명은 안 되지만."

분명 빗물일 거다. 선생의 눈가에 맺혀 있는 건 빗물임이 틀림없다. 선생의 눈물이라니. 10여 년 알고 지냈지만 단 한 번도 그런 모습은 본 적이 없었다. 게다가 아무것도 부족한 것이 없어 보였던 선생이었다. 요리사로서, 음식점 경영자로서, 주식 투자자로서 마음먹은 것은 과감한 결단력과 엄청난 실행력, 잠을 줄이며 몰두하는 집중력으로 쟁취해 낸 사람이 선생인데 난데없이 눈물이라니. 그런데 선생의 표정은 기묘하게 일그러져 있었다.

"강 국장님도 알다시피 난 15살부터 뼈 빠지게 일을 해야 했어요. 잠깐 한눈팔면 먹을 것이 없었으니까. 그래서 지독하게 열심히 일했어요. 그래서 나한텐 학창 시절, 청춘, 이런 말들은 사치였지요. 절대 부끄럽지는 않아요. 정말 열심히 살았으니까. 그런데, 그런데 자꾸 무언가가 원망스러워요. 3시간 자던 잠을 줄여서라도 영어 공부를 했다면,

저 노랫가락에 붙은 가사를 해석할 수 있지 않을까. 좀 더 넓은 세계를 아무 거리낌 없이 헤집고 다닐 수 있지 않았을까. 그러지 못한 나를 원망해야 하는지, 아니면 그런 환경을 마련해주지 못한 부모님을 원망해야 하는지…. 그러다보면 어이없게도 이 영국처럼 번성하지 못하고 안타깝게 우리나라를 식민지로 전락시킨 선조들이 원망스런 마음까지 들어요. 이거, 이 마음속에 든 불덩이같이 뜨겁고 아픈 것을 어떻게 표현해야 할지…. 그래서 거기 있을 수 없었소. 강 국장님, 이런 기분을 이해할 수 있겠어요?"

입을 다문 선생은 다시 말없이 걷기 시작했다. 나는 조금 뒤떨어져 걸을 수밖에 없었다. 늘 부럽기만 했던 선생이 처음으로 가엾게 느껴졌다. '화양연화', 그 말이 떠올랐다. 꽃처럼 아름다운 시절, 다시는 돌이킬 수 없는 그 빛나는 시절을 힘들고 거친 노동과 숨 막히는 냉대와 그 속에서 살아남기 위한 몸부림으로 채워 넣었던 선생을 생각하자 그 '불덩이'가 무엇인지 아주 조금은 짐작할 수 있을 것 같았다.

꽤 오래 그렇게 걸었다. 선생이 조금 걸음을 늦춰 나와 나란히 걷게 되었을 때 다시 입을 열었다.

"난 호기심이 많은 사람이에요. 궁금한 것도 많지요. 그래서 여행 중에 강 국장님이 귀찮을 정도로 묻고 또 묻는 것입니다. 사실 아까 그 박물관에 갔을 때, 난 너무 답답했어요. 세계적으로 유명한 그 뭐더라 셜록…."

"셜록 홈스요."

"그래, 셜록 홈스. 그렇게 유명하다는 사람을 난 육십이 다 되어가는 오늘 처음 들었어요. 강 국장님이 줄 서 있을 때 설명해주는 내용을 들으면 호기심이 들끓는데, 알고 싶은데, 너무 모르는 게 많은 거야. 억울했어요. 그리고 비틀즈 숍에서 들려오던 그 가락이 날 가장 고통스러웠고 예민했던 시절로 끌고 갔어요. 화가 났고 답답했지. 아무리 그런 내 마음을 설명하려 해도 십 분의 일, 아니 백 분의 일도 표현하지 못할 거예요."

환기. 특정한 노래나 향기, 그리고 어떤 빛깔 같은 것은 기억이라는 강에 내려진 '닻'과 같은 것일지 모른다. 친숙한 멜로디가 귀에 흘러 들어오면 우리는 자신도 모르는 사이에 불과 몇 초 만에 기억의 강을 거슬러 그 멜로디가 새겨진 시점으로 날아간다. 향긋한 빵 굽는 냄새를 맡으며 어린 시절의 아련한 추억을 떠올릴 수 있는 사람은 행복한 유년을 겪은 이일 것이다. 하지만 어떤 이에게는 미칠 것 같은 허기를 연상시키기도 한다. 천상의 냄새가 지옥의 고문처럼 느껴지는 사람은 불행한 유년을 겪은 것이리라.

선생도 그와 같지 않았을까. 하루하루를 전쟁 치르듯 살아온 자신의 인생을 후회하지 않는다고 해서 어찌 아쉬움이 없을 것이며 허전하고 애잔하지 않겠는가.

"다시 한 번 그 시절로 돌아간다면, 어떻게든 시간을 짜내서 공부를 하겠어요. 어디서 낡은 사전이라도 하나 훔쳐와 졸린 눈을 비비며 비틀즈의 노래 가사를 해석하겠어요. 길 가는 외국인에게 동냥하듯 영어를 배우겠어요. 밤새도록 《셜록 홈스》를 읽고, 내가 좋아하는 역사를 공부하겠어요."

선생의 목소리가 높아졌다. 지나가던 금발의 행인이 힐끗 선생을 쳐다봤다.

"그 누구도 후회를 남기지 않고 살 수는 없겠지만, 적어도 지금 젊은 사람들은 나 같은 후회나 아쉬움을 남기지 않을 수 있으면 좋겠어요."

그 뒤로 선생은 입을 다물었다. 숙소에 돌아올 때까지 선생은 아무런 말도 하지 않았다. 씻지도 않고 침대에 누워 곧바로 잠들었다. 괴롭고 힘들었던 젊은 시절로 돌아갔던, 그 잠깐의 시간이 너무 고단해서일까. 속절없이 흘러간 황금 같은 시절이 안타까워서일까.

다행히 잠든 선생의 얼굴은 평화로웠다. 마음속의 격랑이 꿈속에서는 풀렸나 보다. 선생의 마지막 말이 가슴을 맴돈다. '적어도 지금 젊은 사람들은 나 같은 후회나 아쉬움을 남기지 않을 수 있으면 좋겠어요.' 글쎄, 후회를 남기지 않을 수 있을까. 자신이 없다. 선생보다 열댓 살이 어리지만, 내 마음속에도 후회라는 한 줄기 바람이 간혹 살풋 불어 닥칠 때가 있기 때문이다. 선생의 나이가 되었을 때 나는 나의 지난날을 부끄러워하지 않을 수 있을까.

다시 선생의 잠든 얼굴을 바라본다. 나로선 그의 마음속 멍울을 어루만져줄 아무런 방도가 없다. 다만 한 가지, 선생의 '아름다운 시절'을 인정해주는 것뿐이다. 삶을 완전 연소시키며 정말 최선을 다해 살았다는 것에 대해 고개 끄덕여준다면 아마 아주 조금은 위로가 되지 않을까.

잠자던 선생의 얼굴에 갑자기 미소가 번졌다.

꿈속에서나마 삶을 위한 분투로 허전하게 흘려보낸 당신의 그 시절로 돌아가 후회를 씻어내고 맘껏 공부하고 있는 모양이다.

그 속에서나마 후회 없는 '화양연화'를 누리시길.

투자와 소비, 두 얼굴의 박 선생

"나 돈 없어요."

런던에서 파리로 넘어가는 유로스타를 타기 위해 우리는 세인트판
크라스 역으로 갔다. 유로스타는 미리 예약해놓았기 때문에 시간 여유
가 좀 있었지만, 나는 바빴다. 런던에서 사용하던 오이스터 카드(교통
카드)의 카드 보증금을 환불받아야 했기 때문이다.

박 선생은 역에 내릴 때부터 런던에서 둘째 날 구입했던 오이스터
카드의 보증금 환불에 관심을 가졌다.

"그 카드 보증금은 어디서 환불받나요? 한 10파운드 된다 그랬죠?
적은 돈이 아니네. 단디 챙기소."

환불 못 받으면 큰일 날 것 같은 기세였다. 세인트판크라스 역과 연
결된 킹스크로스 지하철역에서 1차 환불에 실패했다. 역무원들은 내

질문에 엄하게 티켓 자판기만 가리킬 뿐이었다. 아마 서툰 영어를 잘못 알아듣겠고, 하여튼 내가 손에 오이스터 카드를 들고 있으니 충전을 하려 한다고 생각했던 모양이다.

결국 나는 일단 물어물어 세인트판크라스 기차역으로 넘어와(바로 옆에 붙어 있다) 인포메이션 센터로 향했다. 하지만 기차역 내에 있는 두 곳의 인포메이션 센터는 오이스터 카드를 취급하지 않았다.

"저기 역 끝에 가면 방문객 센터가 있어. 거기 가면 바꿔줘. 위치는 니가 알아서 찾아."

시큰둥한 역무원의 어중간한 안내를 들었을 때 나는 그만 포기하고 싶었다. 그러다 옆을 보고 흠칫했다. 박 선생의 눈빛은 못 받으면 무슨 큰일이 날 듯한 표정이었다. 약 10파운드가량, 우리 돈으로 1만 3,000원이다. 서울이었으면 포기했을지도 모르겠다. 혼자 여행을 왔다면 그냥 오이스터 카드를 여행 기념으로 챙겨놓지 뭐, 그렇게 생각했을 것 같다. 하지만 선생과 함께라면 다르다. 환불을 못 받으면 점심을 굶어야 할지도 모른다. 농담 같지만 사실이다. 돈 하나하나를 꼼꼼하고 엄중하게 챙긴다. 결국 나는 눈을 질끈 감고 다시 일어나 투덜거리며 역 맞은편 끝에 있는 방문객 센터로 갔다.

다행히 친절한 안내원은 내가 받을 돈이 10파운드 말고도 1.8파운드가 더 있다는 사실을 알려주며 카드로 환불해주었다. 만세. 의기양양하게 선생에게 돌아와 영수증을 내보이며 말했다.

"1.8파운드나 더 받았어요."

선생의 얼굴에 그제야 웃음기가 돌았다. 나는 그 미소를 보니 고생한 일이 생각나 통명스럽게 말했다.

"선생님은 돈도 많으면서 이런 푼돈에 그렇게 연연하세요?"

"나 돈 없어요."

"…? 무슨 말씀이세요. 선생님이 돈이 없다니요? 누가 들으면 욕해요."

기가 막혀 하자 선생은 나를 빤히 쳐다봤다. 그러다 말했다.

"투자할 돈은 꽤 있지요. 요모조모 생각해보고 나한테 꼭 필요한 돈은 아깝지 않아요. 그래서 강 국장님과 함께 여행을 가자고 제안을 한 거고. 적은 돈이 아니잖아요? 하지만 강 국장님이랑 함께 여행을 떠나는 데 드는 비용은 내게는 투자인 셈이죠. 여행을 함께하는 친구니까."

선생은 잠시 눈을 감았다 뜨며 말을 이었다.

"그렇지만 소비를 위해 쓸 돈은 없어요. 특히 귀찮다는 이유로, 잘 안 된다는 이유로 내다버릴 돈은 없어요. 카드를 살 때 반납 시 카드 값 10파운드를 받기로 했으면 그건 받아야 하는 겁니다. 제아무리 부자라도 그런 돈 내다버리면 장사 없어요. 그런 마음 자세라면 망합니다."

순간 언젠가 대한민국을 들었다 놨다한 책에서 읽었던 대목이 떠올랐다.

"첫 번째로, 먼저 자산과 부채의 차이를 알고, 자산을 사야만 한다.

부자가 되고 싶다면 이것만 알면 된다. 이것이 첫 번째 규칙이다. 그리고 유일한 규칙이다."

선생은 자산을 사기 위한 돈에 있어서는 단위가 크다. 투자의 규모가 상상을 초월한다. 좋은 기업을 발견하면 바로 그 기업을 분석한 뒤, 알토란 같다고 느끼면 "아내 팬티까지 팔아서"(선생의 표현이다!) 그 주식을 산다. 하지만 자산을 사는 돈이 아닌 경우에는 무척 검소하고 소박하다.

10여 년 전에 선생을 처음 만났을 때가 생각났다. 신문에 100억 주식 부자라는 기사를 보고서 부산으로 내려갔던 건데, 그때 선생이 집에 가서 저녁이나 먹고 가라고 권했더랬다. 100억 주식 부자의 집은 얼마나 근사할까 하는 기대를 가지고 따라갔다가 깜짝 놀라고 말았다. 아주 작은 아파트였고 선생과 나, 그리고 나와 동행한 일행까지 포함해 3명이 앉아 있기에 방이 비좁았다. 조금 있으니 인상 좋은 선생의 사모님이 된장찌개를 끓여 풋고추와 함께 내오셨다.

아마 그때 내 얼굴에 기대가 깨진 듯한 표정이 비쳤던 모양이다. 선생이 웃으며, 집이 너무 초라해서 놀랐냐고 물었다. 나는 기대했던 것보다 훨씬 작아서 좀 놀랐다고 솔직히 말했다. 선생은 "집은 사는 곳이다. 과거에는 투자 가치가 있었는지 모르지만, 지금은 그렇지 못하다. 특히 아파트를 비싸게 사는 건 위험하다. 우리나라 사람들은 아파트에 전 재산을 다 담아놓고 심지어 빚까지 진다. 그러면 대단히 위험하다"

뭐, 그런 이야기를 들려줬었다. 선생이 구수한 사투리로 논리 정연하게 이야기하는 동안, 나는 사모님이 내오신 된장찌개와 밥만 입에 밀어 넣는 수밖에 없었다. 근데 그 된장찌개는 정말 맛있었다.

잠시 그때를 생각하고 있을 때 선생이 덧붙였다.

"투자를 하면 그 돈이 새끼를 칩니다. 하지만 아무렇게나 귀찮다는 이유로, 폼 난다는 이유로 돈을 써버리면 그 돈은 사라지지요. 강 국장님이야말로 그런 습관을 지금부터라도 들여야 해요. 늦었지만 가계부도 쓰세요. 물건 계산하고 나면 영수증을 꼭 받고요. 잘못 계산된 것은 없는지 세밀하게 들여다보세요. 괜히 호기 부리며 손해 보고 다니지 말고요. 이번에 여행 다니면서 내가 그것부터 훈련시켜 드려야 되겠네."

참, 선생은 예나 지금이나 내 말문을 닫게 하는 한마디를 할 때가 있다. 그래도 애써 이리 뛰고 저리 뛰고 한 덕에 좋은 것을 하나 배웠다. 아까는 정말 귀찮기도 하고 은근히 체면이 상하는 듯했는데, 덕분에 깨달음을 건졌달까.

그런 생각을 하고 있을 때 갑자기 선생이 성큼 앞으로 걸어 나갔다. 허름한 옷을 걸친 노파가 깡통을 앞에 놓고 앉아 있었다. 선생은 그 깡통에 내가 애써 받은 환불금만큼의 지폐를 그 안에 정성껏 넣었다.

돈에 대한 기묘한 양면성이었다.

'대어'를 그만둔 이유

"사람을   달아본다고요?"

런던을 떠나기 하루 전 슈퍼마켓에 물과 라면을 사러 갔다. 선생은 저녁을 건너뛰는 경우가 종종 있다. 앞에서 얘기했듯이 유럽의 새벽에 한국 주식장이 열린다. 그러니 선생은 거리를 거닐다 돌아와서는 부리나케 씻고 이른 저녁 잠자리에 들려고 하는 경우가 많다. 따라서 관광을 마치고 숙소로 돌아오는, 딱 그 시간에 나는 저녁밥을 챙겨야 한다. 놓치면 나는 덩달아 저녁을 굶게 된다. 그 전날이 그랬다. 또 굶을 수는 없었다. 유럽까지 와서 배를 곯을 수야 없지 않나. 선생이 저녁으로 라면을 제안했을 때, 냉큼 그러자고 했다. 안 그러면 또 속이 부글거린다고 끼니를 건너뛸지 모른다.

"먹는 음식이 바뀌니까 뱃속이 부글부글합니다. 이럴 땐 뭔가 라면

국물 같은 게 좋은데. 강 국장님, 우리 슈퍼에 가서 라면이 있나 한번 둘러봅시다."

선생의 일명 '뱃속 종균론'이었다. 원래 김치와 된장을 먹는 한국 사람의 뱃속에 버터와 치즈가 잔뜩 든 서양 음식이 들어오니 적응을 못하고 배가 부글거리고 가스가 찬다는 거였다.

그럴 정도로 런던 온 지 나흘 만에 버터와 치즈가 담뿍 뿌려진 서양 음식들은 우리의 입맛과 장 속 상태를 돌변시키고 있었다. 이런 불유쾌한 상황을 단 한 번에 진정시키는 가장 좋은 방법은 역시 라면이다. 망설일 틈 없이 곧바로 슈퍼마켓으로 향했다.

한참을 뒤진 끝에 일본풍의 그림이 그려진 컵라면을 발견하고 계산대로 갔다. 그런데 계산대의 점원이 눈에 띄게 불친절했다. 앞에 서 있던 백인 남자에게는 상냥하게 잡담도 하며 계산을 해주던 아주머니는 내 차례가 되자 물건을 집어던지듯 옮기고 표정에도 짜증이 가득했다. 계산을 마치고 내가 투덜거리자 선생이 말했다.

"그 점원이 손님을 달아서 그런 겁니다. 서비스업을 하는 사람에게는 제일 나쁜 행태지요. 내가 일식집 '대어'를 그만둔 이유이기도 하고요."

"사람을 달아본다고요?"

선생은 옛일을 회상하듯 우리 숙소가 있는 쪽 하늘을 물끄러미 보다가 말했다.

"내가 '대어'를 차린 게 25살 때입니다. 그때 난 그런 결심을 했지요. 고관대작이 오든 노숙자가 오든 누구에게나 최상의 서비스를 제공하겠다고요. 생각해보세요. 형편이 넉넉지 않은 가족이 우리 식당에 와서 한 끼 식사를 하는 것은 그분들께는 무척 대단한 일입니다. 가족 누군가의 생일이거나 그 가정에 크게 축하할 일이 생겼거나 그런 경우지요. 그런 분들이 와서 흡족한 서비스를 받고 맛있는 음식을 즐기고 가는 모습을 보면 얼마나 보람이 있는지 몰라요. 흐뭇해서 돌아가는 손님의 뒷모습을 보면 내 마음이 부자가 된 기분이었습니다."

"그런데 그게 '대어'를 그만둔 이유랑 무슨 상관인가요?"

"한 10년 해서 가게가 번창하고 돈이 좀 모이니까 자꾸 사람을 달아보게 되더군요. 이 손님은 얼마치의 음식을 팔아주겠구나, 이 손님을 잘 접대하면 다른 손님들을 많이 새끼 치겠구나, 뭐 이런 거죠. 그게 사람을 달아보는 거예요. 그러면 서비스에 혼이 들어가지 않게 됩니다. 장사하는 사람이 그러면 가게가 내리막길을 걷게 되기 마련입니다. 최고의 식당이라는 명예를 다 잃고 난 뒤에야 식당을 접게 되지요. 난 그게 싫었어요. 그래서 그 길로 직원들에게 6개월 후에 식당을 접을 거라고 알렸지요. 그해 12월 30일까지 영업하고 31일에 청소를 마친 다음 깨끗이 손 털었습니다. 25여 년 바친 일이라 마음이 울컥울컥 했지요. 하지만 잘한 결정이었던 것 같습니다. '대어'의 손님들을 실망시키지 않았으니까요."

사람을 달아본다는 것, 우리 사회에서 얼마나 자주 접할 수 있는 일이던가. 행색이 조금만 남루해도 깔보고, 거친 일을 하는 사람을 은연중에 멸시하지 않던가. 하지만 사람들은 금방 안다. 사람을 가려 영업하는 곳에는 두 번 다시 가지 않고 그 업소는 결국 문을 닫게 된다는 것을. 그리고 우리 모두는 그런 위험에서 자유롭지 못하다.

"사람을 달아보지 마라."

그 말을 가슴에 새기는 사이 어느새 호텔에 닿았다. 드디어 라면을 먹을 수 있다는 기대에 도착과 함께 물을 끓였다. 선생도 내심 기대하는 눈치였다. 마침내 3분이 지났다. 선생은 허겁지겁 라면 한 젓가락을 입에 넣었다. 표정이 일그러졌다. 선생은 포크(젓가락을 깜박해서 호텔에서 포크를 빌렸다)를 내려놓더니 말했다.

"아까 배고프다고 했지요? 내 것도 많이 드세요. 갑자기 배가 부르네. 난 그만 씻고 잘게요. 아, 피곤하다."

라면 맛은 짐작대로였다. 뭔가 어설픈 맛 가운데로 견디기 힘든 향신료의 향과 느끼함이 올라왔다. 선생은 타월을 챙겨들고 샤워하러 들어가며 결정타를 날렸다.

"음식 남기면 벌 받습니다."

"헉!"

김치 꿈을 꿀 것 같은 밤이었다.

빨라도 너무 빠른

"어릴 때 붙은 습관이에요."

파리에서의 마지막 날, 우리는 루브르 박물관에 들렀다. 선생은 여행 내내 장대한 대영 박물관이나 루브르 박물관, 혹은 멋있게 지어진 성당이나 건축물들을 볼 때면 늘 조금씩 씁쓸해했다.

"이게 언제 지어졌다고요?"

선생은 늘 그렇게 물었다. 그리고 내 입에서 18세기니 19세기니 하는 대답이 나오면 노상 "그때 우리나라는 무엇을 하고 있었나요?"라고 물었다. 내 짧은 역사 지식으로는 선생의 속사포 같은 질문에 대답이 빈궁했고 왕성한 호기심을 충족시킬 수 없었다. 다행히 손에 든 스마트폰으로 간신히 부족한 지식을 메울 뿐이었다.

그래서일까, 루브르 박물관을 나올 때쯤에는 나도 선생도 물에 젖은

솜처럼 지쳐 있었다. 허기도 갑작스레 밀려왔다. 뭘 좀 먹고 싶어서 급한 대로 근처에 유명하다는 사누키 우동집(sanukiya)에 들어갔다. 튀김덮밥 2개와 우동을 하나 시켜 나눠 먹기로 했다.

주문한 음식이 나오자 나는 허겁지겁 입안으로 떠 넣었다. 외국인들에게는 게걸스러워 보였을 것 같다. 내가 원래부터 그랬던 건 아니다. 이것도 다 선생 때문이다. 함께 여행하다보니 선생은 밥을 무척 빨리 먹었다. 내가 한두 숟가락 먹었을까 싶을 때 식사를 끝내는 경우가 많았다.

밥 먹는 것만 빠른 게 아니었다. 담배도 초스피드로 피우고 샤워도 몇 분 만에 끝이 났다. 심지어는 큰일도 금방 끝냈다. 뭐든 질질 늘어지는 것은 내 쪽이었다.

"선생님, 선생님은 정말 빨리 드시네요. 아니, 그냥 뭐든 빨라요. 누가 쫓아오는 것도 아닌데."

늘 급하게 밥을 먹어야 하는 게 조금은 원망스러워 그렇게 묻자 선생은 농담처럼 웃으며 대답했다.

"그럼요. 빨라야지요. 어릴 때 붙은 습관이에요."

"어렸을 때 밥 빨리 먹으면 야단맞았는데. 어른보다 먼저 숟가락 놓으면 안 된다고요."

"그건 강 국장님처럼 풍족하게 큰 사람한테나 해당되는 얘기고요. 나처럼 없이 자란 놈은 빠르지 않으면 먹을 게 없었거든요. 그때부터 뭐든지 빨라졌죠.”

“…!”

말문이 막히는 대답이었다. 어린 시절 선생은 그냥 부지런한 것만으로는 밥을 먹을 수 없었다. 남보다 갑절 빨리 움직여야 했다. 남들보다 두 배로 살아야 했다. 선생의 얘기가 이어졌다.

“힘든 종업원 시절이 끝나고 내 식당을 열었을 때도 마찬가지였어요. 1초라도 시간을 지체하면 영업 개시에 차질이 있었어요. 그래서 항상 긴장하지 않을 수가 없었죠. 보통 새벽 3시에 일어나서 씻고 4시에 집을 나서서 삼천포에 있는 수산물 경매 시장에 가요. 거기 가서 좋은 횟감을 가지고 8시 정도까지는 가게에 돌아와야 하지요. 그러고 나서 손님에게 서비스하기 위해서 재료 손질, 직원들의 유니폼 준비, 그날 하루 예약 손님 확인 등등을 챙깁니다. 그러다보면 곧바로 개점 시간이 다가옵니다. 어느 하나라도 삐걱하면 개점 시간을 맞추기가 힘들었어요. 그땐 마치 뒤에서 시간이라는 괴물이 나를 쫓아오는 듯했어요. 그런 나날을 한 25년간 겪으면서 내 몸에 ‘빨리’가 붙어버린 거지요. 이제 식당도 하지 않고, 그래서 좀 고쳐보려 해도 잘되지 않아요. 워낙 습관처럼 몸에 붙어버린 탓이죠.”

초를 다투는 시간과의 싸움을 25년간 하루도 빼먹지 않고 하다보니 선생은 그렇게 되어버린 것이다. 아무것도 가진 것 없이 촌에서 올라와 부산 시내에 섰을 때가 15세 때였다고 한다. 남보다 재빠르지 않으면 생존이 불가능했을 것이다. 선생이 또 덧붙였다.

"식당에 가면 무의식적으로 빨리 먹게 돼요. 특히 손님들이 마구 밀려 들어올 때면 그 가게의 주인 심정이 너무 이해가 되거든요. 게다가 기다리는 손님의 마음도 난 너무 잘 알고요. 그래서 나 자신도 모르게 빨리 먹고 자리를 비켜주려 하는 거죠."

일본전산이라는 기업은 면접을 볼 때 밥을 빨리 먹는 사람을 지켜보았다가 나중에 그 사람을 채용했다고 한다. 밥 빨리 먹는 사람이 일도 잘하더라는 것인데, 예전에 그런 기사를 읽었을 때는 '밥 먹는 시간 줄여가며 일해야 한다는 말이야?' 하며 좀 기분 나쁘게 생각했다. 그런데 선생의 이야기를 가만히 듣고 있으니 꼭 그런 것만은 아니라는 생각이 들었다.

현대 사회는 기술의 발달과 세계적인 경쟁의 가속으로 어쩔 수 없는 초경쟁이 이루어질 수밖에 없다. 그 속에서 어떤 '니즈'는 오랫동안 남아 있지 않는다. 《해리 포터》의 퀴디치 게임에서 나오는 골든 스니치처럼 한동안 안 보이다가 잠깐 나타난다. 바로 그때 잽싸게 낚아채야 하는 것이 '니즈'다. 퀴디치 게임에서 골든 스니치를 잡으면 경기는 끝난다. 그런 현대 사회에서 밥을 빨리 먹는다는 것은 어쩌면 큰 갈망과 빠른 실행을 은유적으로 드러내는 것일지도 모르겠다. 건강을 위해서 식사 시간은 좀 천천히 늦추더라도 꿈이라는 '허기'와, 생각과 몸이 함께 움직이는 '빠른 실행'은 배워야 할 덕목임이 분명했다.

이날 우리는 정말 번개 같은 속도로 밥을 먹어 치웠다. 평소 한국에서는 하루 두 끼만 먹는 선생이 튀김 덮밥 한 그릇과 우동 반 그릇을 순식간에 해치웠다. 내 기준으로 봐도 좀 많이 드셨다. 아니나 다를까, 그날 저녁 우리는 둘 다 더부룩함과 속 쓰림에 침대 위를 뒹굴거렸다. 급기야 선생은 서울에서 싸온 비상약까지 먹어야 했다.

약에 취해 침대에 쓰러져 있는 선생이 어딘지 측은하다. 이제는 선생이 자신을 뒤쫓는 시간이라는 괴물에게서 좀 풀려났으면 하고 바라본다. 하지만 이번 여행 내내 그럴 수는 없을 것 같다. 우리는 서툰 여행자이고 유럽의 기차는 정시에 출발하니까. 늘 서두르고 발을 동동거려야 할 테니까.

그러고 보면 우리 인생도 그렇지 않을까.

초행길의 불안과 두려움과 설렘. 하나뿐인 인생길을 처음으로 걸어가는 것이니.

전화위복

"언제나 간절해야 해요."

배탈이 난 선생이 두어 시간 호텔방에서 뒹굴다가 비상약 한 알을 챙겨 먹고 잠깐 눈을 붙이자 정신이 좀 돌아오는 모양이다. 정말 큰일 날 뻔했다. 내일이면 파리를 떠나려 했기 때문에 파리 구경은 2시경까지 끝내고 일찌감치 호텔로 돌아온 것이었는데, 그만 점심때 먹은 우동이 조금 부담스러웠는지 저녁 식사까지 건너뛰어야 할 정도였던 것이다. 혈색이 조금 돌아온 선생이 말했다.

"강 국장님, 내려가서 우리 커피를 한 잔씩 합시다. 속이 너무 부대껴요."

우리는 호텔 로비 커피숍에서 따뜻한 아메리카노를 한 잔씩 시키고 마주 앉았다. 그때 선생이 뜬금없이 한마디를 던졌다.

"강 국장님은 다른 작가들과는 좀 다르네요. 자존감은 크고 자존심은 잘 내려놓는 것 같아요. 내가 그동안 살펴본 게 틀리지 않았던 것 같아요."

순간 귀에서 환희의 찬가가 울려 퍼지는 줄 알았다. 여행이 시작된 이래, 수없이 지청구만 들었지 '칭찬'이라고는 들어본 적이 없었는데 그렇게 칭찬에 인색한 선생에게서 그런 얘기를 듣다니 말이다.

사실 사십 대 아저씨들은 사소한 칭찬에 약하다. 언제부터인가 책임과 의무는 막중해진다. 반면 이들이 이뤄내는 성과는 너무나 당연한 것으로 간주된다. 직장에서 어느 정도 시간을 보냈고 연봉이 올라감에 따라 어느 정도의 성과는 당연히 내주어야 하는 것으로 간주되기 때문이다. 칭찬을 들을 기회보다는 욕을 먹는 경우가 많아진다. 집에서건 회사에서건 권리는 적어지고 의무와 책임은 막중해진다. 그렇기 때문에 사십 대 아저씨의 지갑을 열려면 '칭찬'을 해야 한다. 사십 대 아저씨는 옷가게 점원의 영혼 없는 칭찬에도 입이 찢어진다. 내가 간혹 생각지도 않았던 비싼 옷, 잘 안 어울리는 옷을 사들이게 되는 이유는 바로 칭찬의 힘 때문이라고 종종 생각하곤 했다.

나도 사십 대 아저씨가 된 지 5~6년 지났다. 칭찬에 배고플 수밖에 없다. 예전 태권도 도장의 사범님이 스쳐 지나가듯 내 지르기와 발차기에 대해 칭찬한 적이 있었다. 그 길로 태권도는 내 취미가 되어버렸다. 칭찬은 내게 그런 거다. 그러니 그런 와중에 날아온 선생의 칭찬은 여행의 여독을 확 풀어줄 만큼 즐거운 것이지 않았겠나.

　나는 마치 오디션 프로그램에서 심사 위원의 심사평을 듣는 참가자의 그 간절하고도 물기 어린 눈빛으로 선생의 다음 말씀을 기다렸다. 그런 마음을 읽은 듯 선생이 덧붙였다.

　"나는 지금 강 국장님의 심정이 어떤지 알아요. 뭔가 머릿속에서 심지가 타들어가는 느낌일 겁니다. 자식 걱정, 부인 걱정, 한 가족의 현재와 미래를 걱정하는 가장이 무언가 새로운 출발을 하려 할 때면, 혀 끝이 바싹 타들어가고 심장을 누가 움켜쥐는 듯 가슴이 답답해지지요."

　맞다. 잠시 잊고 있었다. 나는 백수였다. 누구와도 나눌 수 없는 책임감과 불안함, 흔들림이 있다. 그 때문에 새벽녘에 몰래 집을 빠져나와 애꿎은 담배만 태워대던 때가 많았다. 대한민국의 사오십 대라면 누구나 언젠가 한 번은 경험하게 되는 일이다. 단지 빠르고 느림만이 있을 뿐.

　"그때 자존심이 강하면 형편에 안 맞게 허세를 부립니다. 새로 시작하는 사람이 허세를 부리면 잘될 수가 없어요. 세상이 그리 녹녹지 않은 법이죠. 하지만 또 자존감이 없으면 사람이 망가질 수 있지요. 자그만 시련에도 금세 시든다고 할까요. 내가 요리사로, 또 음식점을 경영하면서 정말 많은 사람을 만났습니다. 자존심은 잘 내려놓고 자존감은 높은 사람들이 대부분 잘되었어요. 그런 면에서 강 국장님은 기초공사는 잘되어 있는 것 같네요."

선생은 그러면서 당부하듯 말을 이었다.

"그런 기초공사가 되어 있는 사람은, 위기를 만나면 간절해지고 간절해지면 놀라운 무언가가 나오는 법입니다. 지금 강 국장님이 생각해야 할 것은 간절한 마음을 갖고 큰 꿈을 꾸는 겁니다. 그때 인생을 바꿀 무언가가 눈앞에 나타나거든요. 사람의 인생에서 도약기는 눈 깜짝할 사이에 옵니다. '사업이 불같이 일어났다'고들 하잖아요. 그거 정말 맞는 말입니다. 기회를 잡을 때까지가 어려워서 그렇지 일단 잡으면 정말 불이 타오르듯 확 일어납니다. 그러니 언제나 간절해야 해요. 우연이랄까 기회랄까 그런 것이 눈앞을 스쳐 지나갈 때, 간절한 사람만이 그 기회를 움켜잡지요. 그래서 위기는 기회가 되는 겁니다."

간절한 마음을 갖고 큰 꿈을 꾼다, 그 얘기가 마음에 울림을 만들었다. 어쩌면 마흔 중반에 내게 닥친 위기가 좋은 기회로 다가올지 모르겠다는 근거 없는 안도감 같은 것이 느껴졌다.

"우리 나가서 좀 걸을까요? 커피를 마시니 울렁대는 것은 좀 진정이 됐어요. 이제 걸으면서 소화를 더 잘 시켜야겠어요."

선생이 산책을 제안했다. 뭔지 모를 가슴속 불길로 인해 뜨거워진 마음을 식히고 싶었다. 호텔을 나와서 두어 걸음 발길을 옮겼을 때 우리는 동시에 탄성을 터뜨렸다. 야간 조명을 받아 황금색으로 빛나는 에펠탑이 눈앞에 우뚝 치솟아 있었던 것이다.

엊그제 에펠탑을 구경하러 갔다가 비가 너무 많이 와서 곧장 들어와

야만 했다. 그때 나는 에펠탑과의 인연은 그 정도라 생각했는데, 우연한 산책에서 이런 풍경을 만나다니 뜻밖이었다. 낮에는 기다리는 줄이 엄청나게 길어서 에펠탑에 오르는 것을 포기했는데, 지금은 놀랍게도 줄이 짧았다. 내친 김에 우리는 에펠탑 내부에까지 들어갈 수 있었다. 그다지 오래 기다리지 않아도 됐다. 그렇게 오른 에펠탑에서 내려다본 파리의 야경은 정말이지 아름다웠다.

갑작스런 복통이 가져다준 달콤한 우연이었다.

그래, 사람 일은 모르는 것이다. 살아보기 전에는. 부딪쳐보기 전에는 말이다.

인생의 하루하루 어떤 우여곡절이, 어떤 행복이, 어떤 아름다움이 놓여 있을지는 아무도 모르는 것이다.

인생은 전화위복. 그래서 재미있는 것일지도 모르겠다.

생산성과 아바타

이제 파리를 떠날 때가 왔다. 더듬거리는 영어로 유레일패스를 개시하고 바르셀로나행 테제베 표를 끊었다. 나이 마흔다섯에 유레일패스를 끊고 유럽을 기차로 가로질러 국경을 넘으리라곤 상상을 못했는데 무언가 묘한 흥분이 밀려왔다.

마침내 좌석에 앉아 창밖을 바라보니 파란 들판이 펼쳐졌다. 한국의 농촌과 비슷하다고 생각하며 경치를 즐기고 있는데, 박 선생이 고개를 갸웃거렸다.

"왜 그러셔요?"

"저기 들판을 보세요. 한국과는 좀 다르지 않아요?"

나는 한국과 참 비슷한 풍경이라 생각했는데, 다르다니? 선생이 말을 이었다.

"저기 보이는 밭을 봐요. 밭과 밭 사이의 구획이 거의 없잖아요."

그러고 보니 정말 그랬다. 한국 들판에서 흔히 볼 수 있는 논두렁, 밭두렁이 잘 보이지 않았다.

"저러면 농업에 생산성이 높아져요. 금방 기계화할 수 있거든요. 트랙터 한 대면 저 너른 들판을 금방 관리할 수 있죠. 한국에서는 트랙터 쓰기가 쉽지 않아요. 농지가 오밀조밀 구획되어 있어서요."

그러고 보니 박 선생 당신이 늘 생산성이 낮은 분야에서 높은 분야로 계속 이동해왔다. 월급쟁이 요리사에서 식당 경영자로, 그리고 주식 투자자로 계속 진화해온 것이다.

부를 축적하기 위해서는 내가 쉬는 동안 나 대신 열심히 일할 아바타가 필요하다. 작가나 작곡가는 그들이 쉬는 동안 그들의 작품이 돈을 번다. 연예인은 그들이 쉬는 동안 그들의 얼굴과 출연한 방송물이 돈을 번다. 자본가는 그들이 쉬는 동안 그들의 자본이 돈을 번다. 기업가는 그들이 쉬는 동안 직원들이 돈을 번다. 일종의 아바타론이다. 반면 월급쟁이는 자신의 노동력을 판 시간 동안은 꼼짝없이 자유를 제약받을 수밖에 없다. 그리고 본인이 몸을 놀리지 않는 동안은 어떤 수익도 발생하지 않는다. 안타깝지만 이게 현실이다.

그러다 자기 자신의 사업체를 갖게 되면 월급쟁이보다는 자유를 조금 더 갖게 되고 고용한 종업원들이, 사장이 쉬는 동안 수익을 창출해

줄 수 있다. 비교적 작은 노동력을 들여 생산성을 높이는 한편으로, 쉬는 동안에도 수익이 창출된다. 하나의 아바타가 생기는 셈이다.

그런데 선생은 거기서 더 나아가 전업 투자자의 길로 들어서서 성공을 거두었다. 하나의 업체가 아니라 여러 개의 기업을 주식을 통해 소유하게 된 것이다. 그렇게 되면 박 선생이 쉬는 동안에도 그 기업들은 박 선생의 아바타처럼 끊임없이 이익을 창출한다. 그리고 박 선생은 놀라운 자유와 시간을 획득하게 된다.

나와 여행하는 동안에도 박 선생은 주식을 보유한 기업으로부터 차례로 배당을 받았다. 여행하는 중에도 돈을 벌고 있었던 것이다. 놀라울 수밖에. 선생이 그런 나를 보며 말했다.

"월급쟁이더라도 서양에서는 '우리 사주'가 되어 자신이 다니는 회사의 주주가 됩니다. 그러면 단지 월급만이 아니라 회사가 성장하면서 열리는 과실을 동시에 향유하게 되지요. 그런 관점으로 주식을 생각할 때 건전한 투자가 되고 노사 관계에 있어서도 더욱 주인의식을 갖게 됩니다."

선생은 밤 동안 선생에게 들어왔다는 배당금을 아주 많이 부러워하는 나를 보며 빙긋이 웃었다.

"강 국장님이랑 나는 함께 여행하기에 천생연분인가 봅니다. 나도 여행하면서 일하고 강 국장님도 여행 중에 글을 쓰니 말이죠."

나는 선생님처럼 돈을 벌지는 못하고 있지 않냐고 겸연쩍어하자 선생이 웃으며 말했다.

"첫 술에 배부를 수 있나요. 앞으로 여러 책을 써서 강 국장님 말대로 많은 아바타들을 만들게 되겠지요. 나도 그렇게 되기를 빌어줄게요. 진심으로."

창밖으로 남부 프랑스의 파란 들판이 펼쳐지고 있었다. 속으로 가만히 빌어본다. 몇 년 후에는 노트북을 하나 들고 이곳을 다시 가로지르고 싶다고. 마음껏 원하는 일을 하고 원하는 곳을 여행하며 머무르고 싶을 때 머무르고 떠나고 싶을 때 떠나는 삶을 살게 되었으면, 그리하여 진정한 이동의 자유와 거주의 자유, 노동의 자유를 누리는 삶을 살게 해달라고 기도했다.

그러는 사이 테제베는 들판을 달려 어느덧 처음 가보는 정열과 자유의 나라 스페인에 들어서고 있었다.

II

바르셀로나, 다시 시작하는 곳

"많이 외로우셨겠어요."

6시간 반의 기차 여행 끝에 바르셀로나 산츠 역에 내렸다. 유럽의 남쪽 바르셀로나의 날씨가 일단 마음에 들었다. 파리를 떠날 때 부슬부슬 내리던 비는 마음을 조금 가라앉게 했는데 바르셀로나의 햇살은 마음까지 녹여내는 듯 따사로웠다.

잔뜩 짊어진 짐이 부담스러웠고 오랜 기차 여행에 우리는 너무 지쳐 있었다. 결국 배낭여행자답지 않게 값비싼 택시에 올라타고 숙소로 향했다. 택시 안에서 스페인 바르셀로나 풍경을 살피던 선생은 안타까워했다.

"한때 대단한 영화를 누렸을지 모르지만 거리의 활력이나 사람들의 행색이 파리만 못하네요."

호텔에 짐을 푼 우리는 허기진 배를 채우기 위해 바르셀로나 비치 근처의 레스토랑으로 향했다. 부산의 해운대 같은 느낌을 주는 바닷가였다. 이곳저곳 사람들이 꽤 붐볐다. 선생은 한동안 그들을 날카롭게 바라보다 파에야와 함께 시킨 새우 요리 한 점을 삼키며 말했다.

"내가 왜 바르셀로나 풍경을 보며 안타까워하는지 의아하겠지요. 하지만 내게는 보입니다. 이곳 사람들이 입고 먹고 마시는 것을 보면 국민소득 만 불 정도 수준이에요. 반면에 바다 한가득 메우고 있는 요트들을 보면 이곳 부자들의 엄청난 부를 느낄 수 있어요. 양극화가 엄청나게 벌어졌다는 것을 알 수 있습니다."

이어서 선생은 스페인의 재정이 바닥났다는 것과 유로를 쓸 때 경쟁력이 떨어지는 나라들의 손해에 대해 설명했다. 만에 하나 오일 가격이 치솟을 경우 스페인이 겪게 될 고통에 대해서도 상세하게 설명했다.

"산업 경쟁력이 있는 나라들은 오일 가격이 오르면, 그 오일을 생산하는 중동이나 기타 국가들에 들어가는 수출 상품 역시 늘어납니다. 그래서 오일 가격이 오른 만큼의 손실을 만회할 수 있지요. 하지만 그렇지 않은 나라들은 세계적인 경기 불황의 여파와 오일 쇼크를 함께 받아 안게 되기 때문에 곤궁해지는 거예요."

선생의 설명은 거침없었다. 그런 선생의 목소리는 이상하다 싶을 만큼 격앙되어 있었다. 마치 스페인의 경제적인 침체와 당신의 삶이 밀접하게 연결되어 있다는 듯이.

호텔로 돌아오는 차 안에서 나는 비로소 깨달을 수 있었다. 선생이 자신의 어린 시절을 떠올리고 있었다는 것을.

"강 국장님도 대략 알고 있지만 나는 어린 시절 거의 고아처럼 살았어요. 그 시절 한때는 부모를 원망했지요. 나를 버리다시피 한 부모가 원망스러웠던 게 아니라 차라리 입양이라도 시켜주지 않은 게 애통했어요."

선생이 태어나자마자 아버지에게 버림받고 어머니 품마저 떠나게 되었다는 얘기는 예전에 들어 알고 있었다. 그 뒤 일곱 살 때까지 외할머니 댁에 있다가 다시 친척 집에 맡겨졌다. 그 친척 집에서 구박을 받다가 15세에 부산으로 도망쳤고 거기서 일식집 주방 보조로 사회생활을 시작했다는 얘기도 들어 알고 있었다. 그런데 선생은 차 안에서 그동안 하지 않았던 이야기를 들려줬다.

"내가 어렸을 때 외국으로 입양될 뻔한 적이 있었어요. 외할머니 댁에 나를 맡긴 어머니가 날 입양 보내려고 신청을 했던 모양이에요. 관계 기관에서 찾아온 사람이 나를 꽤 멀리까지 데리고 갔는데, 외할머니가 어떻게 했는지는 모르지만 날 다시 찾아왔어요. 당신은 쑥갓을 키워 팔고 고구마 이삭을 주워서라도 나를 먹여 살리겠다고 했대요. 그런데 그게 가끔 원망스러울 때가 있었어요. 차라리 그때 입양을 시켜주지, 왜 굳이 나를 다시 찾아왔을까. 그렇게 못된 생각까지 했었지요."

나는 조용히 눈시울이 뜨겁게 달아오른 선생의 손을 잡았다. 선생의 소년 시절이 애잔해서였다. 말로는 어루만질 수 없을 듯한 슬픔을, 내 손의 따뜻한 온기로나마 공감해주고 싶었다.

"많이 외로우셨겠어요."

선생은 멋쩍은 듯 사람 좋은 미소를 띠며 답했다.

"외로움? 허, 그 녀석은 내 친구지 뭐. 아주 어렸을 때부터 그랬어요."

나는 선생의 이런 쓸쓸한 유머가 좋다. 지독한 현실에서 잠시 도망치기 위해 단련한 선생의 재담은 유명 코미디언의 개그보다 좋다.

선생이 다시 평온을 되찾았다.

"강 국장님도 예전의 나처럼 더 날카롭게 자신을 갈고닦아야 합니다. 아픈 말이겠지만 이제 강 국장님도 나이가 꽤 됐어요. 시간이 별로 없어요. 다이아몬드처럼 자신을 강하게 단련시키세요. 강 국장님이 내 말을 잘 알아듣고 내 마음을 잘 이해하니 내가 조금 독하게 말할게요. 지금보다 더 낮아지세요. 남들 먹는 것처럼 먹고 남들 입는 것처럼 입고 남들 하는 것처럼 다 하려고 생각하지 마세요. 그러면 어느 순간 해이해질 겁니다. 스페인이 과거의 영광에 취해 새로운 먹거리를 만들지 못했을 때, 지금의 어려움이 닥쳐온 거지요. 훨씬 더 크고 강하게 꿈을 꿔나가고, 그 꿈을 위해 스스로를 단련하지 않으면 안 될 때가 있는 겁니다. 나라도, 사람도요."

우리의 이야기는 호텔 방 안에 들어와서도 계속됐다. 선생은 어느

틈엔가 나의 고민과 걱정과 불안을 공감하고 있었다. 나는 한마디도 꺼내지 않았지만, 선생은 나의 초조함과 절박함을 알고 있었다. 섣불리 위로하거나 격려하지 않았다. 오히려 모질게 직설적으로 말했다.

"지금이 어쩌면 마지막 기회일지도 모릅니다. 강 국장님의 꿈이 무엇인지 모르지만 사람에게는 열정을 바칠 수 있는 시기라는 게 있어요. 나이가 들어감에 따라 경험과 지혜는 쌓여갈지 모르지만 그에 비례해서 열정은 사그라들거든요. 무언가를 위해 온몸을 불사를 수 있는 열정이야말로 성공을 위한 가장 큰 재료인데 말이지요."

두려움이 밀려왔다. 후회도 됐다. 그런 한편으로 열정을 불살라 보고 싶다는 갈증이 밀려들었다. 그때 선생이 그 마음을 알았다는 듯 말했다.

"강 국장님, 엄청난 파도가 달려들 때, 선장이 겁을 먹고 배를 옆으로 틀면 어떻게 되는지 알아요?"

"…."

"그대로 뒤집혀 버립니다. 가장 좋은 방법은 정면으로 파도를 뚫고 나가는 거예요. 그런 마음이면 뭐든지 합니다. 나를 봐요. 내가 이뤄놓은 것이 다른 사람이 보기에는 어떨지 몰라도, 어릴 적 내 형편과 처지를 알았던 사람이 보면 기적이라고밖에는 표현하지 못합니다. 상식만으로 생각하면 나는 이미 죽었거나 아주 밑바닥 삶을 살고 있어야 하지요. 그러니 해보세요. 길이 있다고 믿고, 그 믿음을 쉬이 흩뜨리지 말고, 간절한 마음으로 뚫고 나가세요."

대화는 그렇게 끝났다. 선생은 조금 있다가 치를 주식 전투를 위해 침대에 누웠다. 하지만 나는 잠이 오지 않았다. 가슴이 뜨거워졌다. 호텔 밖으로 잠시 머리를 식히러 나왔다. 스페인의 밤공기는 기분 좋게 선선했다. 정열의 나라에서 열정에 불을 지펴 가는구나.

먼 훗날, 바르셀로나는 다시 시작하는 곳으로 기억될 것 같다.

다시 일어서서, 다시 시작할 수 있을 것 같다. 뜨겁게, 스페인의 태양처럼.

나쁜 아바타도 있다

"그게 사람을 망가뜨리기 때문이죠."

"강 국장님, 많이 드세요. 오늘 내가 한턱 쏩니다. 배 터지도록 드셔
도 돼요."

선생이 이렇게 말했을 때, 말문이 막혔다. 호텔 조식 뷔페에 들어서
면서 한 말이었기 때문이다. 조식 뷔페는 공짜다. 숙소를 예약할 때 아
침이 포함되어 있는지와 와이파이가 터지는지가 우리의 필수 조건이
었다. 와이파이가 터져야 선생의 아이패드로 한국의 주식시장을 살필
수 있다. 와이파이가 선생의 필수 조건이었다면, 아침 조식은 내 필수
조건이었다. 만약 조식이 포함되어 있지 않은 숙소를 잡으면 밥을 못
먹을 우려가 있어서 항상 그것부터 살폈던 것이다. 그런데 한턱 쏘신
다니. 내가 툴툴거리자 선생이 말했다.

"내가 좀 짜지요?"

여행이 시작된 이후로 한두 번 겪은 일도 아니다. 이제는 으레 그러려니 한다. 내가 잠자코 있으니 선생이 말을 계속 이었다.

"강 국장님, 돈은 버는 것보다 지키기 어렵다는 말 많이 들어봤지요? 그거 정말 맞는 말입니다. 강 국장님이 나중에 돈을 많이 벌게 되면 온갖 시달림을 당하게 될 겁니다. 세상은 무섭거든요."

갑자기 귀가 솔깃한다. 뭔가 재테크의 비전이 전수될 것 같은 느낌이다. 못 이기는 척 귀를 기울였다.

"내가 주식으로 큰돈을 벌었다는 사실이 신문과 방송, 그리고 내가 쓴 책을 통해 알려지니까, 주위의 많은 사람들이 은근히 기대를 하는 게 슬슬 눈에 띄더군요. 나와 만나서 친해지면 내가 주머니에서 선뜻 사업 자금을 꺼내 빌려주고, 선뜻 여행 경비를 대주고, 아쉬울 때 척척 돈을 빌려줄 것같이 생각하는 듯했어요. 그리고 그게 마치 당연하다는 듯, 말이 잘 안 통한다 싶으면 내게 화를 내기까지 하는 사람들도 있었지요. 하지만 나는 아무 이유 없이 돈을 빌려주거나 도와주지 않습니다."

"소비적인 데 돈 쓰시는 것을 싫어하시니 당연하겠지요."

"꼭 그런 이유만은 아니에요."

"그럼요?"

"그게 사람을 망가뜨리기 때문이죠."

선생의 설명이 이어졌다. 누군가가 쥐어주는 공짜 돈은 사람을 망가뜨린다는 거였다. 마치 악성 바이러스처럼 사람의 영혼에 스며들어 노력하지 않고 받는 것을 당연히 생각하게 만든다는 것이다.

"누군가에게 함부로 돈을 건네면 그 사람의 능력을 빼앗는 것이나 다름없어요. 정말 도움이 필요한 사람들에게는 그런 돈이 생명줄이지만, 멀쩡히 직장 잘 다니는 사람에게 친하다는 이유로, 친척이라는 이유로 턱턱 돈을 건네면 안 됩니다. 그건 큰일 나는 거예요. 사람이란 게 누구나 앉으면 눕고 싶고 누우면 자고 싶지요. 좋은 차 보면 갖고 싶고 맛난 음식 보면 먹고 싶은 거예요. 일하는 것보다는 노는 걸 좋아하고요. 그걸 부추기는 거지요. 내가 어떤 사람을 평생 먹여 살릴 수 있으면 그렇게 해도 되지요. 하지만 그럴 수 있다고 해도 그래서는 안 돼요. 스스로 판단하고 문제를 해결하고 돈을 버는 능력을 그 사람에게서 영원히 빼앗는 거니까요."

집과 차는 줄여갈 수 없다고 했던가. 이른바 '돈맛'을 본 사람은 험한 일, 체면 깎이는 일, 고단한 일을 하고 싶어 하지 않는다. 그래서 좀 떵떵거려 본 사람은 아무리 가세가 기울어도 '노동'에 힘쓰기보다는 '눈먼 돈'을 빌려 그럴듯해 보이는 사업을 벌이려고 한다.

"쉽게 얻은 돈은 나쁜 버릇을 남깁니다. 바로 '빚'이라는 거죠."

"소비적인 일에 돈을 쓰는 맛을 들이면 빚을 내서라도 그 소비를 줄이지 않지요. 오히려 그게 당연하다고 생각합니다. 누구나 그 정도는 누리고 살아야 한다고 스스로를 합리화하지요. 그러다보면 자신도 모르는 사이에 빚이 쌓이는 거예요."

경제학 용어로 '래칫 이펙트'(ratchet effect), 우리말로 '톱니바퀴 효과' 이야기다. 가령 월 500만 원을 벌던 월급쟁이가 어떤 이유에서건 회사를 그만두면 다시 직장을 구할 때까지는 원래 소비를 극단적으로 줄여야 맞다. 하지만 소비 습관은 쉽게 바뀌어지지 않는다. 특히 자식들과 관련된 교육비는 줄일 수가 없다. '남들 사는 만큼은' 살아야 한다고 생각하고, 그게 소비의 최저 기준이라고 생각하게 되는 것이다.

나는 선생의 이야기를 들으며 나쁜 아바타를 떠올렸다. '빚'이라는 아바타. 좋은 아바타가 내가 쉬거나 노는 사이에도 나 대신 일해서 부를 창출하듯이, 나쁜 아바타가 내가 쉬거나 노는 사이에도 나 대신 나의 자산을 갉아먹고 내가 평생 일해도 갚을 수 없는 짐을 지우려 한다.

'지금 내게 필요한 건 소비의 최저 기준을 낮추는 것이겠구나.'

빚이라는 것은 처음에는 힘들고 부담스럽지만 그 크기가 커지면 자포자기하게 만든다. 꿈꿀 수도 없게 된다. 빚 독촉은 사람의 현재뿐 아니라 미래까지 고단하게 하는 셈이다. 선생은 그런 이야기를 내게 해주고 싶었던 모양이다.

생각이 많아져 골똘해진 내게 선생이 나지막하게 말했다.

"지금이 강 국장님에겐 어려운 때일 거예요. 국가로 치면 비상사태지요. 자존심 때문에 예전 생활을 고수하려 해서는 안 돼요. 납작 엎드려 위기를 넘기면서 앞날을 모색해야 합니다. 아셨지요?"

내가 고개를 끄덕이자 선생이 장난기 어린 얼굴이 됐다.

"그럼 이제 내가 내는 거 맛나게 드세요. 천천히, 배부르게."

예상했다. 이제 빤히 보인다.

시계의 가치

"사람이 명품이 되는 거예요."

스위스의 인터라켄에 들어섰을 때부터 어딘가 기분이 좋아졌다. 융프라우에 오르기 위한 관광객들이 마치 전진 기지처럼 모여드는 곳이 인터라켄이다. 걸어서 도시 전체를 둘러볼 수 있을 것처럼 자그마한 이 스위스의 마을은 선생과 나를 단번에 매혹시켰다. 깨끗하고 정갈하면서도 풍경과 집들이 멋지게 어우러진 도시였다.

그렇게 걷기 힘들어하던 선생이 "좀 걸읍시다"라고 할 정도였다.

평소 같았으면 그냥 호텔에 있자고 하실 분이 어쩐 일이냐, 이제 다리에 힘이 좀 붙으신 거냐, 그러다가 퍼지시는 거 아니냐, 내가 이렇게 종알종알 선생을 놀렸겠지만, 인터라켄에서만큼은 그런 말이 나오지 않았다. 그러다 혹시라도 선생이 이 아름다운 도시를 빨리 떠나자고

인터라켄

할까 봐 조바심 낼 만큼 멋진 풍경이었다. 그리고 그 풍경을 감싸는 그 청량한 공기도 놓치기 싫었다. 두말없이 선생을 따라 걸었다.

이 작은 도시는 관광 하나로 돌아가는 것 같았다. 세계 각지에서 몰려온 관광객들이 기꺼이 자신의 지갑을 열고 놀라운 경치에 홀린 듯 돈을 쓰고 가는 듯했다.

"도시 자체가 명품이네요."

선생이 말했다. 명품. 그랬다. 이 도시는 마치 스위스 시계처럼 작지만 놀라운 가치를 가진 명품이었다.

마침 인터라켄 서쪽 주변에는 이름도 잘 못 들어본 수많은 명품 시계들을 파는 가게가 즐비했다. 산책을 하던 선생이 갑자기 그중 한 곳에 들어가 보자고 했다.

가게에 들어선 선생은 시계 하나를 가리키며 말했다.

"이 시계를 가지려면 얼마가 있어야 할까요?"

그 시계에는 가격표가 붙어 있지 않았다. 평상시 그런 고급 시계 가게에 들어가 본 적도 없고 가격을 물어본 적도 없었던 나로서는 난감한 질문이었다. 나는 머뭇거리다가 말했다.

"글쎄요. 이런 시계에 관해서는 잘 몰라서요. 그래도 몇 백만 원은 하겠죠?"

그러자 선생은 빙긋 웃더니 그곳에 근무하는 한국인 직원을 불러 가격과 제품명을 물었다.

"손님, 이 제품은 억대입니다."

'아, 이게 그런 시계구나.' 예전에 디스패치에서 지드래곤과 양현석이 차는 시계가 억대라는 기사를 본 적이 있었는데, 정말 집 한 채 값의 시계라니!

직원과 이런저런 얘기를 나눈 뒤 선생과 나는 상점을 나왔다. 조금 걷다가 선생이 내게 다시 물었다.

"이제 저 시계를 가지려면 얼마나 필요한지 알겠어요?"

"1억 원이 넘는 돈이니 엄청나네요."

"아뇨, 그것 가지곤 안 되지요."

이건 무슨 소리인가. 뭐 따로 계산해야 할 세금이나 다른 비용이 있는 걸까? 무슨 소리냐는 듯 눈으로 물었다. 선생이 말을 이었다.

"저런 시계는 차는 사람의 복장과 재산, 다른 장신구와 사는 집, 타는 차 등과 조화를 이루어야 제 가치를 드러냅니다. 그렇지 않으면 저 시계를 차는 게 오히려 비아냥이나 조소의 대상이 됩니다. 대략 계산해볼까요? 저런 시계에 맞는 옷은 얼마나 할까요? 그리고 저런 시계를 차고 좋은 옷을 입은 사람이 지하철을 타고 다닐까요? 그에 걸맞은 좋은 차가 필요하겠죠. 또 집도 무척 크고 좋아야 하지 않겠어요? 마지막으로 그런 조건들을 계속 유지해갈 수 있는 재력과 능력이 필요하겠죠. 대략 얼마쯤 드는지 짐작이 가요?"

내가 조금 빈정 상한 듯이 물었다.

"그 정도 능력 없는 사람은 평생 저런 시계 하나도 차지 못하란 법 있나요, 뭐?"

선생이 나를 물끄러미 바라보다가 말을 이었다.

"아직 한참 멀었군요, 강 국장님. 누구나 좋은 시계를 찰 권리가 있죠. 아무도 그걸 막을 수 없고요. 난 강 국장님에게 그렇지 않다는 말을 한 게 아니에요. 다만 저런 비싼 물건들을 하나 사서 걸친다고 해서 아무것도 달라지는 게 없다는 걸 알려주고 싶었어요. 솔직히 말해봅시다. 명품에 열광하는 이유가 뭐예요? 그게 정말 예쁘고 품질이 뛰어나서라고요? 천만에 말씀이죠. 누군가에게 보여주고 뻐기기 위해서 아닌가요? 그런데 분수에 맞지 않는 명품은 그리 뻐길 만큼 멋져 보이지도 않는다는 얘길 하고 싶은 거예요. 혼자만 그렇게 생각하는 거예요. 왜 있잖아요. 무술영화 보고 나오는 아저씨들이 어깨에 힘 빡 주고 나오는 거 같은. 명품을 모르는 사람은 아까 그 시계를 차고 있어도 '한 몇 십만 원 하나보다'라고 생각하겠지요. 또 명품을 아는 사람은 그 시계와 나머지 복장이 잘 어울리지 않는 것을 보고는 '무리해서 샀구나' 하고 짐작할 겁니다. 아니면 가짜라고 생각하든지요. 그렇게 어느 누구에게도 좋아 보이지 않는 비싼 명품 시계나 명품 백을 걸치려고 얼마나 피 같은 돈을 낭비하나요. 그 돈으로 좋은 주식을 사고, 좋은 투자를 하면 큰 기회를 얻을 수도 있는데 말이죠. 그러다 집안 들어먹고 인생 망가질 수 있거든요. 욕망은 무서운 거니까요. 명품은 나중에 정말 여유가 있을 때 사서 걸쳐도 늦지 않는다는 거죠."

플로베르의 《보바리 부인》에 나오는 보바리 부인이 그랬다. 상류층을 닮고 싶은 욕망이 결국은 그녀를 파멸로 이끌었다. 자본주의 사회에서 '소비'란 욕망을 잠시 잠재우는 것에 불과할 뿐이다. 곧 다시 욕망은 고개를 들고 마치 불가사리처럼 돈을 빨아들인다. 거기에 빨려 들어가면 삶은 돌이킬 수 없이 망가지고 만다. 그래, 나도 그건 잘 알고 있다.

철이 들면서 명품 시계 하나 찼다고 해서 사람이 달라 보이거나 하지 않는다는 것을 알게 됐다. 또 주변 사람에게 박하게 굴면서 자신의 치장에 돈을 아끼지 않는 사람이 그리 멋지지 않다는 것도 깨닫게 됐다. 나이가 주는 혜택이다. 그러나 나는 왠지 모르게 조금 우울해졌다. 선생이 말을 덧붙였다.

"강 국장님, 진짜 중요한 건 사람이 명품이 되는 거예요. 우리가 이름만 들어도 알 수 있는 사람들, 이름 자체가 명함인 사람들, 그런 사람들이 명품을 두르든 싸구려 옷을 입든 무슨 상관이겠어요. 사람이 명품이면 그 사람이 쓰고 입고 먹는 것은 저절로 명품이 됩니다. 명품을 살 만한 재력도 중요하지만 그에 걸맞은 매너와 인품, 지혜, 교양을 갖추지 못한 사람들이 얼마나 많나요. 그런 사람들이 걸친 명품은 비웃음의 대상이 될 뿐이에요."

선생이 잠깐 숨을 골랐다.

"경제적인 능력은 중요합니다. 돈을 벌어서 아내와 자식을 부양해야 하는 것이 가장의 숙명이고요. 그런데 경제적인 능력은 돈을 쫓는다고 만들어지지 않아요. 나는 장사로 잔뼈가 굵은 사람입니다. 그래서 돈만 쫓던 장사치들이 어떻게 스러져 갔는지 잘 알아요. 장사할 때 손님을 감동시키면 돈은 저절로 따라옵니다. 그렇지 않고 장사할 때 돈만 쫓으면 손님이 돈으로 보입니다. 어떻게든 지갑을 벗겨내려고 하죠. 지갑은 오직 감동한 사람만이 다시 엽니다. 세상 모든 일이 똑같습니다. 세상 모든 것 중에 장사가 아닌 것이 어디 있나요? 그렇다면 내가 파는 상품, 요리, 물건, 책 모두 그것을 사는 사람을 감동시켜야 해요.

그럴 때 돈이 쫓아오는 거예요. 여기 이 명품 도시인 인터라켄의 주민들을 보며 나는 그런 생각을 했어요. '이 사람들 정말 대단하다. 이 명품 도시에 걸맞은 격을 가지고 있다.' 그렇게요. 그렇게 되려면 엄청난 노력이 필요합니다. 매일매일 자신을 갈고 닦아야 하는 거죠. 그게 명품을 관리하는 자세예요."

돌아오는 길, 나는 아무 말도 하지 않았다. 아니, 할 수가 없었다.

많은 생각이 머릿속을 스쳐갔다.

'저 시계 가게에 가득 들어찬 시계들은 사실 하나도 부럽지 않다. 그러나 그런 시계들을 가질 만한 자격이 있는 명품 인생은 부럽다.'

가장 소박한 자연의 모습을 한 스위스의 인터라켄은 자신이 명품이라는 것을 입증하듯 한가운데 명품 시계들을 품고 있었다.

그런 인터라켄을 조금은 닮고 싶다는 생각이 들었다.

20대처럼 살아보기

스위스 인터라켄에서 하룻밤을 묵고 난 다음 날 우리는 융프라우로 향했다. 백두산보다 1,100여 미터 높은 4,158미터 높이다. 내 저질 체력으로는 엄두도 못 낼 높이지만, 1912년부터 운행되기 시작한 산악 열차 덕에 다행히 정상 근방에 수월하게 가볼 수 있다. 우리나라에서는 아직 갓 쓰고 소와 말이 길거리를 돌아다닐 무렵에 산악 열차가 만들어지고 있었다니 좀 놀라웠다. 예전에 친구들과 왔을 때는 몰랐다. 열차 표를 끊을 때 표와 함께 받은 책자에 그렇게 적혀 있었다.

"선생님, 저 여기 와봤어요. 예전에 친구들과 같이. 20년 전이죠. 저 꼭대기에 올라가면 한국 라면도 줘요."

"강 국장님이 아주 신나 보여요. 눈 오는 날 강아지 맹크로."

마침 날씨도 화창하고 하늘도 청명해서 산악 열차의 노란색이 더 선명하게 느껴졌다. '저 위에 올라가면 옛날처럼 비닐봉지를 하나 얻어서 눈썰매를 타리라'고 속으로 마음먹었다. 20년 전에 친구 녀석 하나가 비닐봉지를 엉덩이에 대고 융프라우 정상 근방에서 눈썰매를 탔더랬다. 그걸 보던 백인 여자애(우리랑 비슷한 또래였다. 아마 고등학생이나 대학생 정도가 아니었을까 싶다)가 덩달아 눈썰매를 타다가 너무 빠르게 내려오는 바람에 놀라서 정말 경기를 했다. 내 친구 녀석은 그 아이에게 우황청심원을 건넸다. 그 친구는 지금 킨텍스에서 10년째 근무 중인데, 요즘도 가끔 그때 얘기를 나누곤 한다. 대학생 때나 할 만한 장난

기차 안에서 본 융프라우

이지만 왠지 이번에 올라가면 꼭 해보고 싶었다. 그렇게 하면, 정말 말도 안 되지만, 그 시절이 다시 내게 돌아올 것 같았다.

하지만 그 모든 기대는 융프라우의 전망대 휴게실에서 산산이 부서졌다. 산악 열차에서 내린 순간부터 마치 누군가가 목을 조르는 것처럼 멍한 느낌이 들었다. 얼마 안 있어서 어지럼증과 구토가 밀려왔다. 내 얼굴빛을 본 선생이 화급히 서둘렀다.

"강 국장님, 얼굴빛이 너무 창백해요. 융프라우에서 옛날 기분 내는 것도 좋지만 이러다가 사람 잡겠소. 어서 내려갑시다."

안타깝지만 어쩔 수 없었다. 곧바로 내려가는 열차를 잡아 탈 수밖에 없었다.

20년 전에는 이렇지 않았다. 니스에서 야간 기차를 타고 인터라켄에 와서 곧바로 융프라우를 올랐지만 끄떡없었다. 나이가 든 건가. 그랬다. 함께 여행했던 친구들끼리 요즘 만나서 맥주라도 한잔하면 여지없이 미래에 대한 불안감을 토로했다. 대기업을 오래 다닌 친구도, 중소기업을 전전하던 친구도 모두 한결같이 '이 회사를 언제까지 다닐 수 있을까?', '만약 회사를 그만두면 뭘 하지?' 그런 이야기를 꺼냈다. 모두가 약해져 있었다. 세상사에 시달려 지쳐 있었다. 그리고 불안했다. 우리 모두의 한 시절이 끝나가고 있었다. 이제 또 다른 한 시절이 다가오고 있음을 모두 직감했다. 버틸 수 없다는 걸 다들 알고 있는 거였다.

산악 열차를 타고 조금 내려오자 머릿속에서 안개가 걷히는 것처럼 두통과 메슥거림이 사라졌다. 그러면서 갑자기, 아무 이유 없이 어떤 재밌는 생각이 머리를 스치고 지나갔다. 40대를 20대처럼 살아봐야겠다는 생각. 알프스의 '젊은 처녀'(융프라우의 뜻이 그렇단다)가 미소 지으며 말하는 것 같았다.

"미래? 청춘? 그런 건 잘 모르겠고요. 그렇게 아쉬우면 그냥 40대를 20대처럼 살아보세요. 뭐, 어찌 보면 비슷비슷하잖아요? 난 20년 전에도 '젊은 처녀'였고 지금도 '젊은 처녀'인 걸요. 호호."

생각해보니 그랬다. 스무 살 시절의 우리는 맥주잔을 홀짝이며 미래를 불안하게 기대하곤 했다. 때로는 호기를 부리기도 했다. 설마 굶어 죽기야 하겠어? 근데 40대의 우리 모습이 거기서 그리 다르지 않았다. 회사 짤린다고 우리 식구가 굶기야 하겠어? 그런 호기로움이 마음속에 있다. 왠지 비슷하다. 그냥 어떤 한 시기가 끝나고 새로운 한 시기가 시작될 무렵 느껴지는 그런 감정인 건 아닐까. 거기다 공연히 나는 나도 모르는 사이에 "40대는 인생의 가을"이라는 사멸의 이미지를 덮어씌우고 있는 건 아니었을까.

평균 수명이 60세였을 때는 그게 맞을지도 모르겠다. 오십을 바라보는 나이라면, 지금쯤 무언가 이룬 게 있어야 한다. 더 욕심 내지 말고 천천히 은퇴를 맞이해서 여생을 편안히 보낼 준비를 해야 하는 게 맞다. 하지만 지금 시절은 다르다. 청춘의 봄을 지나 여름을 맞이한 뒤, 그 여름을 떠나보내면 다시 또 한 번 여름이 찾아오는 것 같은 느낌이다.

내가 가을로 접어든다고 하기엔 지금의 60대들이 너무 젊다. 몸도 마음도 '영'하다. 파주출판단지에서 근무할 때 자전거 복장을 한 60대들의 몸매에 무척 놀란 적이 있다. 뒷모습만 보면 남자고 여자고 할 것 없이 모두 20대라고 착각할 정도였다. 생각의 감옥에 갇혀 있으면 안 되는 것 아닐까. 까딱 잘못하면 50세부터 90세까지 40여 년을 한탄과 아쉬움 속에서 살게 될지도 모른다. 다르게 살 수 있는데 말이다.

일본의 마사코 와카미야 할머니는 정년퇴직하고 나서 60세 때 컴퓨터를 접한 뒤, 81세에 아이폰 앱을 개발했다고 한다. 정년퇴직하고 나서 나이든 어머니를 수발해야 했기 때문에 밖에 나다니기가 어려워 컴퓨터를 배웠단다. 컴퓨터로 엑셀 아트도 하고, 3D 프린터로 목걸이 장식도 만든다. 모르는 영어 설명들은 구글 번역기를 돌려 간신히 이해해야 했단다. 그리고 마침내 81세에 '하나단'이라는 노인용 게임 앱을 만들어 앱 스토어에 올렸다. 최고령 앱 개발자가 된 거다. CNN에 대서특필됐고 애플 개발자 대회에 초대됐다. 한국은 물론, 인도와 아랍, 중국 등 전 세계에서 유명한 인물이 됐다.

그래, 세상은 마음먹은 대로 살아진다. 그렇게 믿자. 미신 같은 이야기도 아니다. 예전에 《마음의 시계》라는 책에서 읽은 적이 있다. 1979년 오하이오 주의 외딴 마을에서 모종의 심리 실험이 행해졌다. 이름하여 '시계 거꾸로 돌리기 실험'. 8명의 노인에게 그들의 젊은 시절로 돌아간 것처럼 모든 것을 1959년으로 설정했다. 매일 밤 1959년의 뉴

스와 방송, 영화 등이 텔레비전에 나왔다. 가벼운 설거지 같은 일들은 모두 노인들이 직접 했다. 익숙해지자 1959년의 야구 잡지를 보며 "2년 전에는 누가 우승했지?" 하며 역할에 몰입해 들어갔다. 그러자 놀라운 일이 벌어졌다. 불과 1주일 만에 시력과 청력, 악력 등 모든 면에서 실제로 20살 정도가 젊어진 것이었다. 마음을 돌렸더니 신체 나이도 젊어진 것이다. 한국에서도 2012년에 비슷한 실험이 있었고 그 결과 역시 기존의 실험과 비슷했다.

그런 현상이 내게 일어나지 말라는 법은 없다. 예수님도 믿는 자에게 복이 있다고 했다. "Just do it." 해봐서 손해 볼 일 없는데 안 하는 게 이상한 거다.

산악 열차를 타고 내려오며 스스로 다짐했다. 지나버린 청춘을 그리워하고 아쉬워하는 대신, 지금을 청춘처럼 살자. 낡은 구호처럼 "언제나 청춘" 운운하지 말고, 명료하게 40대를 20대처럼 살자. 그렇게 마음먹었다. 여름을 지나 다시 여름을 맞이하는 기적을 내 삶에 가져와보자, 그렇게 말이다.

적어도 먼저 마음 약해지는 일은 없을 거다. 지금은 돌아가셨지만 100세 시인으로 유명한 시바타 도요가 당부한 것처럼 약해지지 말자. 나이야 어찌 됐든 '꿈은 평등하게 꿀 수 있는' 거니까.

정체성

"안 써요, 글?"

"뭘 그렇게 항상 써요?"

스위스에서 이탈리아의 밀라노로 넘어가는 기차 안에서 나는 또 엄지손가락으로 서툴게 스마트폰에 무언가 적고 있었다. 그게 선생은 신기했나보다.

"그냥요. 머릿속에 어떤 생각이 흘러가면 적어두는 거예요."

선생이 웃으며 말했다.

"천생 작가 선생이네."

선생은 늘 나를 작가 선생 아니면 강 국장님이라고 불렀다. 예전 출판사의 편집자로 만났을 때도 주변에 날 소개할 때는 언제나 작가 선생이었다. 아마 편집자라는 직업을 설명하기 힘들어서였겠지만 딱히 그것만은 아니었다.

"간절한 마음으로 써제겨 뿌리소. 언젠가 그 뭐냐, 영국 여성 안 있습디까. 마술사인가 마법사인가 나오는 소설 쓴 사람요. 그래,《해리 포터》그거 쓴 여성 분요. 내가 그 양반 이야기를 텔레비전에서 봤는데 감동적입디다. 돈도 돈이지만 엄청난 명예를 얻지 않았소. 그거 쓸 때 그 양반도 무척 간절했던 모양이에요. 강 국장님도 그렇게 한번 해봐요. 간절하게."

선생은 내가 입 밖으로 내지 않았던 마음속의 무언가를 읽었던 것 같다.

회사를 그만두고 집으로 가져온 박스 안에는 14년간 썼던 다이어리가 들어 있었다. 좁은 집에 보관하기가 무엇해서 한 권씩 읽으며 꼭 필요한 것만 남기고 버리려고 슬렁슬렁 들여다보기 시작했다. 그런데 한 장씩 넘겨가다 깜짝 놀라고 말았다.

매년 다이어리에 거의 똑같은 글귀가 쓰여 있었던 것이다.

"하루에 딱 원고지 20매씩만 쓰자."

얼굴이 화끈거리면서 콧등이 시큰해졌다. 내가 잊으려 했고, 애써 지우려 했던 나의 '글'이 다시 나를 불렀기 때문이었다. 잘 쓰고 못 쓰고의 문제가 아니었다. 유명이냐 무명이냐도 문제가 되지 않았다. '글을 쓴다는 것'은 그냥 내 정체성의 일부였던 것이다.

처음 만난 사람과 대화를 하다보면 흔히 무슨 일을 하느냐는 질문을 받곤 한다. 내가 직장에 다닐 때 그런 질문을 받으면 그냥 출판사에 다닌다거나 회사에 다닌다고 간단하게 직장만 소개하면 될 일을, 나는 꼭 말끝에 "틈틈이 글도 조금씩 쓰고 있습니다"라고 덧붙여서 사달을 냈다. 그런 대답을 들으면 상대방은 예의상으로라도 "무슨 책을 쓰셨나요?"라고 물을 수밖에 없다. 내가 대답하면 분위기가 어색해진다. 상대방은 들어본 적 없는 책일 테니. 그나마 그 어색한 분위기를 깨기 위해 상대가 "많이 팔렸나요?"라고 물으면 사태는 돌이킬 수가 없다. 어색하게 대화가 끝나고 만다. 그런 일이 있고 나면 다음에는 조심해야 할 터인데 그렇지 못했다. 다음에도, 그다음에도 꼭 쓸데없이 "틈틈이 글도 조금씩 쓰고 있습니다"라고 덧붙여왔던 것이다. 종종 후회하곤 했지만 어쩔 수 없는 일이었다. 그냥 나는 그런 사람인 것이다.

한때는 이 '글을 쓴다'는 정체성을 벗어던지고 싶었다. 세상의 수많은 무명 가수와 비슷한 심정이었다. 수많은 무명 가수의 노래는 곡조의 밝고 어두움에 상관없이 아련하다. 그들 나름의 고통과 안타까움과 분투가 묻어 있기 때문이다. 빼어난 노랫가락에는 주목받지 못한 안타까움이 묻어 있다. 서툰 노래소리에는 '하고 싶음'과 '할 수 없음'의 불협화음이 아프게 깔려 있다. 그 고통과 안타까움과 분투가 결국 그들로 하여금 꿈을, 노래를, 음악을 내려놓게 한다.

생활고가 심해 일용할 양식을 벌기 위해 직장을 다니거나 아르바이트를 하면서도 '나는 노래하는 사람이다' 혹은 '나는 그림을 그리는 사람이다' 혹은 '나는 글을 쓰는 사람이다'라는 정체성은 유지할 수 있다. 단지 그런 정체성을 유지하고 살려면 수시로 자기 비하와 모멸감, 부러움, 질투 등에 시달려야 한다. 하여 자신의 노래나 그림, 글을 가진 사람들은 마치 뜨거운 숯 덩어리를 손에 들고 있는 것이나 다름없다. 들고 있기엔 너무 뜨겁다. 단지 들고 있다는 이유로 화상을 입고 만다.

반면 내려놓는 것은 하나도 어렵지 않다. 그냥 툭, 내려놓으면 된다. 그렇기에 마음은 끊임없이 이제 그만 내려놓으라 유혹한다.

'너무 늦었어. 그 나이에 도대체 뭐 하려고 그런 꿈을 지니고 살아?'

'언제까지 꿈만 꾸고 살 거야? 그 정도면 재능이 없는 것으로 증명됐어. 이제 포기해.'

'그냥 누리고 살자. 천년만년 사니?'

그래서 꽤 많은 사람들이 자신의 노래, 자신의 그림, 자신의 이야기, 자신의 꿈 대신 프로야구와 미식, 해외여행 등의 취미를 맞아들인다. 일상의 소소한 즐거움과 꿈을 맞바꾼다. 그때부터 신기하게도 더 이상 삶이 고통스럽지 않다. 오히려 편하고 만족스럽다. 사이렌의 노랫소리에 취한 선원들처럼 더 이상의 고통은 없다.

문제는 어느 날 문득 나의 노래와 나의 그림과 나의 이야기가 고개를 든다는 것이다. '글 쓰는 인생' 대신 '책 만드는 인생'도 꽤나 보람 있다고 잠시 제쳐두었던 나의 글, 나의 이야기가 갑자기 고개를 들었을 때 마흔 중반의 나는 아득해졌다. 버린 줄 알았던 나의 꿈, 나의 정체성이 다시 나를 불렀을 때 가슴에 구멍이 뚫리는 듯한 안타까움과 함께 잔잔한 안도감이 밀려왔다.

일본의 유명한 만화 작가 미즈노 케이야가 쓰고 그린 《그래도 나는 꿈을 꾼다》는 딱 그런 심정을 잘 보여준다. 한 5~10분이면 읽을 수 있다. 이 책에는 의인화된 꿈이 등장한다. 주인공은 젊은 시절 늘 함께했던 꿈을 세상에 시달리다가 내치고 만다. 함께 있으면 너무 힘들고 괴롭다는 이유로. 그리고 한참이 지나 노쇠해져 곧 세상을 뜰지도 모를 상황에 있을 때 꿈이 찾아온다. 주인공처럼 쭈글쭈글한 주름이 뒤덮인 노인이 되어서 말이다. 그렇게 노인이 되어 찾아온 '꿈'처럼 '나의 꿈'도 쭈글쭈글 주름진 얼굴로 내가 운신조차 힘들 무렵에 찾아왔다면 어쩔 뻔했나. 차라리 지금이 나았다.

이대로 나의 이야기를 끄집어내지 못하고 사그라드는 것은 아닌가 하는 애통함 뒤로, 이 자각을 그나마 지금 하게 된 것이 다행이라는 안도감이 뒤따랐다. 다행히 그렇게 다시 나와 만난 나의 글은 내게 많은 것을 요구하지 않았다. 돈과 명예, 인정, 이런 것들에 조바심 나게 하지 않았다. 단지 하나만 채근했다.

'그냥 써라. 그게 너의 정체성이다. 마음속에 할 이야기가 차오르면 그걸 토해내면 된다. 매일매일 조금씩.'

파울로 코엘료의 《연금술사》에 이런 대목이 나온다.

"실수할지도 모른다는 두려움을 가져서는 안 돼. 실패할지도 모른다는 불안감이야말로 이제껏 '위대한 업'을 시도해보려던 내 의지를 꺾었던 주범이지. 이미 십 년 전에 시작할 수 있었을 일을 이제야 시작하게 되었어. 하지만 나는 이 일을 위해 이십 년을 기다리지 않게 된 것만으로도 행복해."

나는 십수 년 전에 시작할 수 있었던 일을 이제야 시작하게 됐다. 하지만 20년 후에 시작하지 않게 된 것만으로도 행복하다.

이제 글과 친구가 될 것이다. 너무 잘하려 애쓰지 않고 긴 세월 친구를 사귀듯 묵묵히 써갈 것이다.

내가 차창을 물끄러미 보다 고개를 돌려보니 선생이 엄지손가락으로 자판을 두드리는 시늉을 하며 웃었다.

"안 써요, 글?"

"써야죠, 글. 앞으로도 계속. 쭉."

주식

"그런 게 어디에 있어요?"

오전에 로마의 메인 관광 테마인 콜로세움을 찾았다. 서기 79년에 이 어마어마한 경기장이 만들어졌다니, 우리는 감탄을 연발하며 콜로세움 안을 한 바퀴 돌았다. 선생이 잠시 쉴 때 말했다.

"여기는 모두 유적이군요. 우리가 앉아 쉬는 이 기둥 조각도 2,000년 전의 것인가 봅니다."

아무 생각 없이 앉아 있다가 엉덩이 밑의 바위를 자세히 보니 기둥의 한 부분이었다. 로마는 걸어 다니면 발끝에 차이는 것이 모두 다 유적이라는 말이 하나도 틀리지 않았다. 담배를 한 대 맛있게 붙여 피우며 선생이 말했다.

"집에 안 가고 여기 한 1년이나 2년 살았으면 좋겠소. 강 국장님만

좋다면."

"…."

선뜻 대답을 못하고 표정이 얄궂게 굳어 있는 내 얼굴을 보고 선생이 말했다.

"무슨 생각합니까?"

"저도 여기서 1년이고 2년이고 있으면서 글도 쓰고 로마 구경도 하고 유럽의 정취도 느끼고 싶지요. 선생님이야 무슨 걱정이 있으시겠어요. 여행 와서도 주식 투자로 계속 수익이 생기잖아요. 하지만 저는 여행을 마치고 돌아가서가 더 문제입니다."

선생은 잠시 말이 없었다. 그러다 문득 물었다.

"그럼, 주식을 한번 배워볼 테요?"

"가르쳐주실 거예요?"

내가 반색을 하며 묻자 선생이 말했다.

"오늘 내가 딱 하나를 이야기해줄게요. 그걸 완전히 이해해서 강 국
장님 것으로 만드세요. 다른 복잡한 주식에 관한 공부보다 이거 하나
를 제대로 이해하는 것이 가장 중요합니다. 나머지는 저절로 따라오는
거예요."

"뭡니까, 그게?"

선생은 지금 당장 호텔로 들어가자고 했다. 오늘은 관광을 일단 접
고, 주식 이야기만 짧고 굵게 전해주겠다고 했다. 가슴이 콩닥거렸다.
워런 버핏과 저녁 식사 한 끼를 하는 데도 엄청난 돈을 지불해야 하고
그마저도 추첨을 통해 기회를 얻는데, 한국의 워런 버핏이나 다름없는
선생에게서 주식 특강을 듣게 되다니. 점심을 함께 먹으면서도 밥이
코로 들어가는지도 모를 지경이었다.

마침내 선생과 내가 호텔방에 마주 앉았다.

"강 국장님, 만일 내가 강 국장님에게 500만 원을 빌려주면 그 돈으
로 1년 만에 2,000만 원을 벌 수 있겠어요?"

"요즘 경기에 그런 사업을 쉽게 할 수 없어서 걱정이죠. 그런 게 있으
면 모두 달려들 걸요?"

"있어요. 널려 있는데 강 국장님은 안 달려들잖아요."

"그런 게 어디에 있어요?"

선생이 설명을 계속했다.

"자, 어떤 회사가 있다고 합시다. 그 회사는 자본금이 50억 원이에요. 그런데 한 해에 영업이익을 200억 원 냅니다. 이 회사는 사업성이 있는 회사인가요, 아닌가요?"

"그게… 사업성이 꽤 큰 것 같은데요?"

"그렇죠? 아까 500만 원 들여서 1년에 2,000만 원 벌면 강 국장님도 그 사업에 달려들 것 같다고 했죠? 주식시장에서 투자할 회사를 고르는 것은 이렇게 하는 겁니다. 작게 쪼개서 생각하면 되는 거예요. 이렇게 골라낸 회사의 주식은 액면가 500원에 현재 주가가 2만 원이고 총 발행 주식은 1,000만 주쯤 됩니다. 그럼 시가총액은 얼마예요?"

"그, 그게…."

"강 국장님, 내가 10년 전에 큰 숫자 계산 연습하라고 했죠? 10년 지났는데도 그대로네요."

벌써 10년이 지났구나. 분명히 기억이 났다. 10년 전 책을 만들면서 틈나는 대로 선생에게 물었다. "주식을 잘하려면 어떻게 해야 합니까?"

"내가 주식을 산 회사와 결혼하면 됩니다."

"그렇게 뜬구름 잡는 소리 말고요. 진짜 피가 되고 살이 되는 방법을 알려주세요."

"일단 그전에 산수를 잘해야 합니다. 특히 큰 수를 잘 계산할 줄 알아야 해요. 그게 잘되면 또 새로운 것을 알려드릴게요."

그런 얘기를 주고받았었다. 그 뒤로 나는 하나도 달라지지 않았다. 당연히 경제에 대해서도, 주식에 대해서도 10년 전과 거의 비슷한 수준일 뿐이다. 갑자기 스스로가 조금 한심해 보였다. 선생은 아랑곳하지 않고 이야기를 계속했다.

"총 2,000억 원입니다. 그러면 현재의 주가가 적정한지 보려면, 시가총액만큼 회사가 자산을 보유하고 있는지를 보면 되지요. 그 회사는 부동산 포함한 자산과 재고, 그리고 설비 등을 합치면 약 2,000억 원 정도도 된다고 치죠. 그러면 2만 원의 주가는 청산 가치가 되는 겁니다. 회사가 아무런 이익을 못 내도 현재 가지고 있는 것만 팔아도 주당 2만 원의 가치는 나온다는 거죠."

선생의 빠른 계산을 따라가기가 벅찼다. 혀를 빼물고 집중했다.

"그런데 그 주식이 아까 얘기한 대로 자본금 53억 들여서 매년 200억의 흑자를 내고 있다고 해보세요. 투자할 가치가 있을까요? 없을까요? 애매하다면 이렇게 물어볼게요. 강 국장님이 그 회사 사장 같으면 그 회사 팔겠어요?"

"안 팔죠. 앞으로 매년 200억씩만 벌어들인다 해도 황금알을 낳는 거위 같을 텐데요."

"그렇죠? 그렇게 사장의 마음으로 미래 가치까지 고려해서 주가를 생각해보면 매년 주가는 얼마씩 뛸까요? 200억을 1,000만 주로 나누면 2,000원이잖아요. 매년 2,000원씩 주가가 올라간다고 봤을 때, 5년 후면 1만 원이 올라가는 거예요. 대단하죠?"

내 느린 계산으로 생각해봐도 놀랍다. 2만 원짜리 주식이 매년 영업이익을 200억 정도만 내도 5년이면 1만 원의 가치가 올라간다. 생각이 거기까지 미쳤을 때 선생이 말했다.

"그런데 이 회사의 주식은 올해 300원씩 배당을 하기로 주총에서 결정을 했어요. 주가의 1.7%를 배당하기로 한 겁니다. 주식을 한 10만 주 가지고 있다면 3,000만 원의 배당을 받게 되는 거예요."

선생은 실제로 여행 중에 꽤 여러 주식에서 배당을 받았다. 여행 중에도 끊임없이 이익을 내고 있었던 것이다.

"그럼 이 회사가 10년 동안 계속 200억 원씩 매출 흑자를 낸다면 주가는 4만 원이 되어서 보유한 주식 가치는 20억 원에서 40억 원이 될 것이고, 매년 3,000만 원씩 10년간 3억 원의 배당 수익을 거두게 될 겁니다. 10만 주를 가지고 있었다면요. 20억 원이 43억 원이 되는 거지요."

"허…."

입이 안 다물어졌다. 경제 서적을 조금만 읽어봐도 안다. 매년 또박또박 200억 원씩만 성장하는 기업은 없다. 성장하는 기업은 매년 매출액이 늘게 마련이다. 만약 올해 200억 원의 매출을 올렸으면 내년에는 그 매출에서 30% 상승한 대략 230억, 3년 후에는 230억에서 30% 매출 상승한 269억, 4년 후에는 거기서 30% 상승한 349억, 5년 후에는 453억, 6년 후에는 588억, 7년 후에는 764억, 8년 후 993억, 9년 후 1,291억, 10년 후 1,678억이 된다. 그러면 10년간 벌어들일 돈이 6,815억 원, 현재의 청산 가치까지 합하면 8,815억 원이고 이를 1,000만 주로 나누면 주가는 6만 8,230원이 된다. 매출 상승을 최소한으로 잡았을 때의 주가다. 하지만 기업은 이렇게만 성장하지 않는다. 어느 해에는 특정한 모멘텀으로 비약적인 상승을 하기도 한다. 그렇게 되면 주가가 12만 원에서 15만 원까지 올라갈 수도 있다. 엄청난 수익률이 아닐 수 없다.

"지금 잘 나가는 아모레퍼시픽, 쿠쿠, 삼성전자 등은 이런 주식이었어요. 반면 10년 이상 계속 성장을 이어가는 것이 어려운 것도 사실이긴 하죠. 그래서 적정한 시점에 이익을 실현해야 하는 거고요. 투자자는 이런 회사들을 찾아서 이익을 실현하는 사람이죠."

조용히 내가 계산을 끝내기를 기다리던 선생이 말했다.

"매년 따박따박 똑같은 금액으로 성장하는 회사는 거의 없다는 건 강 국장님도 잘 아시죠? 이렇게 사업성 좋은 회사가 한 몇 분기만 제대로 된 실적을 내면 주가에 선반영되어서 대번에 5만 원, 10만 원 뛰어버립니다. 어때요, 강 국장님이 안 덤벼든 것 맞죠?"

"하지만 전 돈이 없잖아요."

선생이 나를 측은한 눈으로 쳐다봤다.

"머리가 없으면 다른 사람의 머리를 빌리면 되고, 돈이 없으면 다른 사람의 돈을 빌리면 됩니다. 레버리지가 위험하다는 건 주식가에 너무나 잘 알려진 얘기지요. 하지만 이런 기업의 경우는 다릅니다. 강 국장님이 20억 원을 빌려 이 회사의 주식 10만 주를 샀다고 칩시다. 연 3%의 이자로요. 그러면 5년간 년 6,000만 원씩 3억 원의 이자를 내야 되겠지요. 그런데 5년 후에 이 회사의 주가가 최소한 4만 원이 된다고 보면, 주식을 청산했을 때 빌린 돈 20억 원 원금과 이자 3억을 갚고도 20억 원의 돈이 남습니다. 이런 레버리지는 결코 손해 보는 것이 아니지요. 돈 한 푼 없이 레버리지만으로 20억을 벌어들인 것이니까요. 돈이 없다는 건 핑계입니다."

나는 다시 선생에게 물었다.

"그러다 만일의 경우를 만나서 주가가 폭락하면 어떻게 합니까? 저는 완전히 개털 되는 거잖아요. 게다가 매년 6,000만 원씩의 이자를 어떻게 갚습니까? 웬만한 직장인 연봉을 넘어서는 돈인데요."

그러자 선생의 눈이 쭉 찢어졌다.

"그 얘기는 농부가 과일나무 심어놓고 하나도 돌보지 않은 채 과실만 따먹겠다는 탐욕이나 다름어요. 과일을 심었으면 잘 자라는지 살펴보고 옆에 풀도 뽑고 금이야 옥이야 돌봐야지요. 주식도 마찬가지예요. 계속 그 회사에 관심을 가지고 영업이익을 잘 내는지, 혹시 경쟁사에게 밀리는 건 아닌지 꼼꼼하게 살펴야지요. 그래서 잘 자랄 줄 알았던 나무인데 여러 요인으로 시들해지는 것 같으면 빨리 뽑고 다른 나무를 심어야 하듯이, 주식도 손절매를 해야죠. 세상에 100%가 어디 있습니까? 또 누가 10만 주 사라고 했어요? 형편에 맞게 하면 되죠. 원리가 그렇다는 겁니다, 원리가."

선생을 따라 안 쓰던 머리를 쓰느라 이마에 땀이 송글송글 맺혔다. 10년 전에도 그랬지만 선생이 이야기하는 주식이라면 해볼만하다는 생각이 든다. 좋은 회사를 골라 거기에 투자를 하는 것이나, 좋은 직업을 골라 거기에 나의 노동을 파는 것이나 다를 바가 없다. 직장을 들어가기 전에 장래성이 있는지, 연봉을 많이 주는지 요모조모 따지듯이 정성껏 투자할 회사를 고른다면 그 회사가 나에게 보답을 하리라는 것은 자명하지 않은가.

동네 가게가 있다고 하자. 자본금 500만 원을 들여 매년 2,000만 원씩을 벌어들이고, 지난 시절 투자해놓은 설비와 재고, 가지고 있는 건물을 합하면 빌린 돈 2,000만 원은 충분히 갚을 능력이 되는데, 앞으로는 더욱 장사가 잘될 것 같다면 그 가게에 투자하려 하는 것은 당연하다. 지금처럼 인플레이션을 밑도는 저금리 시대에는 더더욱 말이다.

선생이 그런 내 마음을 읽은 듯 말했다.

"만약 내가, 내가 투자한 회사를 믿지 못한다면 나는 불안해서 강 국장님이랑 이렇게 유럽 여행 못 옵니다. 여행을 할 수가 없어요. 왔더라도 매일 밤 전전긍긍할 겁니다. 나처럼 큰돈을 투자하는 사람일수록 더더욱 그렇지요. 오늘 나눈 이이야기를 꼭 기억하세요. 강 국장님이 이것을 잘 이해한다면 주식의 본질을 이해한 겁니다. 매스컴과 전문가들의 현란한 용어와 수사에 흔들리지 마세요. 그리고 농부가 농사를 짓는 정성으로 주식을 바라보세요. 그러면 주식을 이해하고 투자할 수 있습니다. 하지만 그런 마음을 잃고 탐욕에 잠시라도 흔들린다면 주식은 강 국장님에게 파멸을 가져다줄 수도 있습니다. 물론 선택은 강 국장님의 몫이고요."

선생이 계속해서 말을 이었다.

"내가 강 국장님에게 이 이야기를 해준 건 정도의 차이는 있지만 지금 강 국장님이 처해 있는 상황을 내가 잘 이해하기 때문입니다. 내가 살펴본 강 국장님은 조금만 머리를 틔워주면 지금의 암담한 상황을 헤쳐갈 수 있을 것 같아서예요. 내가 한 이야기가 독이 되지 않았으면 좋겠습니다. 지금의 강 국장님 마음가짐이라면 해낼 수 있겠지만, 조금만 탐욕을 부리면 정말 독이 될까 봐 두렵거든요."

나도 두렵다. 농부의 마음을 이어갈 수 있을까. 그러나 삶이 원래 그런 것이지 않을까 싶다. 주식이든 인생이든 지나친 욕심은 독이 되고 안일한 보신주의는 조용한 침몰을 불러오니 말이다.

유럽은 삼세판

육십 대의 여행은 어떨까?

여행이 주는 새로움은 여행자들의 심박수를 한껏 끌어올리기 마련이다. 아주 평범한 무엇에도 마법을 걸 수 있는 힘은 아마 여행과 음악이지 않을까 싶다. 도시의 가로등과 바닥에 깔린 빗물, 그리고 실루엣으로 보이는 나이든 중년 남성의 그림자, 이런 것은 그저 그런 평범한 풍경에 지나지 않는다. 때로는 추레해 보일 수도 있다. 하지만 그 위로 재즈의 명곡이 덧씌워지면 영화 한 장면이 된다. 음악은 그런 마법이 있다. 여행도 마찬가지다. 누군가에게는 거친 삶의 현장이 여행자에게는 들뜨고 설레는 마법의 공간이 된다.

이십 대의 여행은 두근거림과 설렘이었다. 군 복무를 마치고 열심히 아르바이트해서 모은 돈으로 유럽 배낭여행을 떠났던 게 1995년경이었다. 그 무렵 유럽 여행을 자극한 영화가 있었다. 바로 〈비포 선라이즈〉.

여행 속으로 스며 들어오는 '만남'은 절대 예사롭지 않다. 아마 바로 그 마법 같은 만남이 영화의 주된 매력이었을 것이다. 그다지 대단할 것도, 신기할 것도 없는 이야기가 수많은 사람들의 마음에 스며들었던 이유였을 것이다. 그 영화는 바다 밖으로는 제주도밖에 못 가본 내게 유럽을 자유이자, 우연한 만남, 그리고 로맨스의 장소로 각인시켰다. 아니, 유럽은 그냥 젊음이었다.

3명의 고교 동창과 함께 한 한 달 동안의 유럽 여행은 그랬기에 마법이었다. 영화처럼 멋진 만남이 있는 것은 아니었다. 우리는 로맨스를 기대하며 기차에 올랐지만 왈가닥 두 미국 여성의 발 냄새를 맡으며 그들의 코 고는 소리에 잠을 설쳐야 했다. 피사의 사탑을 가리키는 친구의 손가락 위에 비둘기가 정확히 '응가'를 조준 사격하는 바람에 한 10여 분간 모두 배를 잡고 웃기도 했다. 우연히 들어 올린 스파게티 면발 사이로 파리가 잡히는 바람에 더듬거리는 영어로 스파게티 값을 환불받기도 했다. (지금 생각하면 약간 미안하다.) 스위스의 융프라우 꼭대기에서는 한 친구가 비닐 '푸대'를 얻어서 눈썰매를 탔다. (나는 무서워서 못 탔다.) 한국식 썰매의 재미를 세계의 여행자들에게 선보인 셈이었다. 독일의 프랑크푸르트에서는 타이완과 일본의 젊은이들과 밤새 재잘재잘 서로의 문화를 소개하고 소개받았다. 로렐라이의 인어공주 상을 보러갔다가 그 규모가 너무 앙증맞아 실망하기도 했다. 지금도 그때의 하루하루가 어제 일처럼 기억이 난다. 피부에 새겨진 문신처럼 그 이십 년 전의 여행이 기억나는 건, 그 모든 것을 두근거리는 심장 박동과 함께 받아들였기 때문일 것이다.

그로부터 이십여 년이 흘렀다. 그사이에 〈비포 선라이즈〉의 후속작 〈비포 선셋〉, 〈비포 미드나잇〉이 차례로 개봉됐고, 그 영화들과 함께 나는 '아재'가 됐다. 젊음의 두근거림이 조금 옅어지자 어느새 그 뒤편에 질척질척하고 끈적거리는 일상이 있음을 알게 됐다. 어느 시절이나 젊은이에게 미래는 불안이다. 나 역시 그랬다. 대학원 석사 논문을 쓰고 박사 과정을 밟으며 5년이 훌쩍 흘렀고, 출판사에서 책을 만들다보니 14년이 하루처럼 흘렀다. 뭔가 뒤처지면 진창에 빠져 헤어 나오지 못할 것 같은 불안이 나를 채찍질했던 시절이었다. 하루도 스스로를 돌아보지 못하는 어리석은 시절은 회사를 그만두었을 때에야 비로소 잠시 속도를 늦췄다. 어른들 말씀이 이해가 됐다. 나이 먹을수록 시간이 가속도가 붙어 훨씬 빨리 간다는 말. 실감 난다. 두려움이 밀려든다.

또 얼마 안 있으면 어느새 십수 년이 흘러 육십이 되겠지. 그동안 난 무엇을 이루었고 어떤 삶을 살았나. 우리 앞에 생이 끝나갈 때 누군가 내게 물어보면 "지나온 세월에 후회 없노라"고 대답할 수 있을까.

내게 사십 대 후반의 여행은 아련한 그리움을 확인하는 여행이었다. 더 이상 몸도 마음도 청춘일 수 없음을 뚜렷하게 자각하는 여행, 마음은 청춘이지만 언뜻언뜻 쇼윈도에 비친 내 모습이 낯설고 어색할 만큼 나이 들었음을 확인하는 여행이었다. 그래서 여행 중에도 자꾸 옛 추억을 돌아보게 됐다. '옛날에 로마에 왔을 때는, 길을 잘 못 찾았지. 구글맵 같은 것은 없었고 오로지 책과 지도에 의존해서 찾아야 했지.' 이런 생각. 또 융프라우에 오를 때도 그랬다. '옛날에 여기 왔을 때는 모두 자기 키만 한 배낭을 매고 완전히 지쳐서 기차 안에서 계속 잠만 잤었지. 꼭대기에서 한국 라면 먹을 생각에 들떠서 꿈속에서도 라면 꿈을 꿨던 것 같아.' 그런 생각. 그 젊은 시절의 풋풋함을 그리워하기, 그게 사십 대 후반의 여행이었다. 그래서 문득문득 여행 중에 가슴으로 그리움에 몸을 떨었던 것이리라. 결코 다시 돌아갈 수 없는 시절이 계속 떠올랐으니까.

여행 중에 그런 생각이 들면 옆에 있는 박 선생을 힐끗 훔쳐보곤 했다. 육십 대의 여행은 어떨까? 나는 꽤 자주 박 선생의 눈가가 촉촉해지는 것을 보았다. 런던에서 한 번, 베네치아의 수상 택시 위에서 한 번, 독일의 하이델베르크에서 한 번. 하지만 나는 모른다. 육십 대의 여행이 어떤 감상을 가져다주는지. 스무 살 때 나는 마흔의 내가 어떤 마음을 갖고 살아갈지 짐작도 할 수 없었다. 막연히 서른이 넘으면 인생이 끝나는 것으로 여겼을 뿐이다. 어리석게도. 그러니 육십의 여행 역시 짐작조차 못한다고 하는 편이 맞을 것이다. 영화나 책은 단지 아주 가느다란 힌트만 줄 뿐이다. 인생이 공평한 것은 누구나 무엇이든 몸으로 겪어보아야 제대로 알게 된다는 것이다. 부자는 가난을 모르고 비범한 이는 평범함을 결코 알 수 없다.

단지 저 나이가 되었을 때 다시 한 번 유럽을 돌아볼 수 있기를 소망한다. 그때는 유럽이 어떤 느낌으로 내게 다가올지 몹시 궁금해졌기 때문이다.

삼세 번. 그래, 유럽은 삼세 번이 좋겠다.

두려움

쉬운 인생이란 없다는 것.

늘 살면서 두려움에 떨었던 것 같다. 사람을 만날 때도 두려움 때문에 불필요하게 마음이 울렁거렸다. 막상 회사를 그만두려 할 때도 막연한 두려움이 나를 머뭇거리게 했다. 글을 쓸 때도, 무슨 일을 도모할 때도 두려움은 늘 친구처럼 따라다녔다. 새로운 일, 새로운 사람에 대한 울렁증처럼 두려움은 내게서 떨어질 줄 몰랐다.

"주도권을 쥐어야 해요. 질질 따라가서는 아무것도 못해. 그래서 사람은 어떤 면에서는 확실한 자기 주관과 고집이 있어야 하는 거예요."

선생이 그렇게 말했을 때, 나는 곧바로 이소룡을 떠올렸다. 이소룡은 어느 책에선가 그렇게 말했다. 상대방을 자신의 원 안으로 끌어들이라고. 그러면 이길 확률이 높아진다고. 반면 상대방의 원 안으로 끌려 들어가면 끝이라고.

지금까지 나는 늘 누군가의 원 안으로 끌려 들어가는 삶을 살았던 것은 아닐까. 그래서 늘 배척받는 것이 두려워 필요 이상으로 소심해지고 눈치를 봤던 것이 아닐까. 일과 부딪칠 때도 내 원 안으로 일을 끌어들여 확실하게 장악하지 못했던 것은 아닐까.

어떻게 하면 이 지긋지긋한 불안과 두려움을 끊어낼 수 있을까?

가네시로 가즈키라는 작가의 《고(GO)》의 한 장면이 떠오른다. 저자와 마찬가지로 소설의 주인공은 재일 한국인이다. 귀화하지 않고 재일 한국인으로 일본 사회에서 살아가는 일은 그리 녹록지 않았던 모양이다. 권투 선수 출신인 주인공의 아버지는 초등학교 4학년 때 아들에게 권투를 가르쳐주며 세상사의 원리 하나를 전수한다. 다른 장면은 다 잊었지만 그 장면은 잊히지 않는다.

아버지가 말한다. "왼팔을 쭉 뻗어봐라." 아들이 그렇게 하자 다시 아버지가 말한다. "그대로 한 바퀴 돌아봐." 아들이 시키는 대로 한 바퀴 돈다. 그런 아들에게 아버지는 이렇게 말한다. "너의 주먹으로 그린 원이 바로 너란 사람의 크기다. 원 안에서 손이 닿는 만큼만 손을 뻗어야 다치지 않고 살 수 있지. 그런 인생을 어떻게 생각해?" 주인공은 소설의 주인공답게 말한다. "시시해." 아버지가 웃으며 다시 이야기한다. "복싱이란 바로 그 원을 깨부수고 나가서 무언가를 쟁취하는 거지. 밖에는 강적들이 우글거려. 그 적들이 너의 원 안으로 달려들 거다. 맞으면 아프고 때려도 괴롭다. 그래도 할 거야? 원 안에 있으면 안전한데."
아들은 결연한 표정으로 말한다. "할래."

오십 줄이 되어가는 나이가 되니 알겠다. 그게 삶을 살아가는 방법
에 대한 멋진 은유라는 것을. 근데 한 가지 틀린 점이 있다. 원 안에 있
어도 안전하지 않다는 것.

"두려움을 없애는 방법? 있어요. 성공을 거두는 거야. 주식 투자 무
섭죠? 실패할까 봐 두렵지요? 하지만 딱 한 번만 제대로 목표물을 맞
추는 투자를 성공시키고 나면 돈도 벌지만 용기와 자신감도 버는 거예
요. 그냥 집에 앉아서 '용기야 생겨라, 자신감아 나와라' 한다고 생기는
게 아닙니다."

옆에서 바라본 선생은 마치 이소룡을 보는 듯했다. 주인공의 아버지
를 보는 듯했다. 선생은 늘 자신의 원 안으로 상대방을 끌어들였고 주
도권을 놓지 않았다. 그러면서 동시에 자신의 원을 깨고 나가 밖의 것
을 기꺼이 쟁취했다.

"그렇기 때문에 언제나 준비하고 대비해야 하는 거예요. 투자나 사
업에서 실패하면 돈만 버리는 게 아니라 용기와 자신감까지 날아가는
거니까. 돈이야 다시 벌면 되지만 용기나 자신감은 쉽게 다시 얻지 못
해요. 그래서 인생이 훅 날아가 버리기도 하지요. 무서운 겁니다. 살아
간다는 건."

그래서 이소룡은 그렇게 말했나보다.

"쉬운 인생을 살기를 기도하지 마라. 대신 역경이 닥쳤을 때 이겨낼 힘을 달라고 기도하라."

반백의 나이가 되어서야 깨달았다. 쉬운 인생이란 없다는 것. 그리고 안전하게 들어앉아 있을 수 있는 원이란 없다는 것. 지금이라도 원을 깨고 나가 세상과 멱살잡이를 해야 한다는 것. 잃는 것이 두려워 머뭇거리는 사이에 그나마 갖고 있던 것마저 없어져버린다는 것.

아끼다 '똥' 되는 것이 인생이다.

여행이 끝나고 일상이 다시 시작됐을 때, 어떤 상황에도 흔들리지 않는 힘을 갖게 되기를 기도하며 마음을 다잡는다.

누구나 잠드는 공간은
겨우 침대 한 귀퉁이일 뿐

파랑새를 찾아 헤매는 것이 인생일지 모른다.

로마에서 베네치아로 달리는 기차 안, 선생이 손에 턱을 괴고 생각에 잠겨 있다.

"아, 참 좋다."

선생의 입에서 탄식이 나지막하게 터져 나왔다.

"우리가 참 좋은 계절에 여행을 왔네. 내가 또 언제 이런 여행을 떠날수 있을까."

들릴 듯 말 듯한 선생의 혼잣말이 이상스레 가슴을 찔렀다.

어젯밤 선생과 잠깐 나눈 이야기가 떠올랐다. 선생은 어제 좀 우울했다. 평소와는 다른 다소 힘이 빠진 목소리로 "강 국장님, 인생은 다

똑같아요. 오히려 내가 이렇게 나이를 먹고 보니 옛날 한 번 열심히 살아보겠다고 부부가 아침부터 부지런히 일하며 미래를 꿈꾸던 그때가 가장 재미있었던 것 같아요. 큰돈을 벌고 나서 보상 심리에 넓고 비싼 호텔에서도 자봤지만, 내가 자는 공간은 겨우 침대 한 귀퉁이더라고요. 그러는 사이에 나는 어느새 육십 언저리에 들어섰고요. 요즘은 그런 생각 많이 해요. 결국 인생은 혼자구나. 나는 사업을 할 때도 혼자였고 투자를 할 때도 혼자였어요. 물론 가족이 있지만 내 극심한 고민을 함께 나눌 수는 없었죠. 그리고 꽤 이루어놓고 난 지금 역시 이제 또 혼자 걸어가야 하는구나 하는 막연한 생각이 듭니다. 하….”

선생의 표정에 잠시 쓸쓸함이 묻어 나왔다. 파랑새를 찾아 헤매는 것이 인생일지 모른다. 착각이었을까. 잠시 선생의 얼굴에서 인간고를 벗어나지 못해 번뇌하는 싯다르타의 모습이 어른거리는 듯했다.

삶은 참 다양하면서 획일적이고, 풍성한 듯하면서 쓸쓸하다.

만남

인연은 소중히 가꾸어야 하리라.

로마에서의 둘째 날, 저녁 식사를 마치고 산책 삼아 테르미니 역까지 나가보기로 했다. 가는 도중 호리호리한 동양 여성이 무거운 여행 가방을 끌고 두리번거리는 것이 보였다. 한 보름 이상 유럽을 떠돌았던 터라 단번에 한국 사람이라는 것을 알 수 있었다.

"참, 요즘 젊은 여성들은 용감하군요."

선생이 혀를 차며 감탄했다. 도와줄까 하다가 우리도 로마 지리에 밝지 않은 터라 그냥 지나쳤다.

테르미니 역은 오가는 여행자들로 붐볐고, 그 속에 섞이는 것만으로도 마음속에서 흥이 일었다. 낯선 곳이 주는 설렘이었다. 두런두런 이런 얘기, 저런 얘기를 나누며 호텔로 돌아왔을 때, 아까 그 젊은 여성이 호텔 엘리베이터를 찾고 있었다. 우리가 묵은 산마르코 호텔의 엘리베이터는 특이했다. 19세기 말 20세기 초의 엘리베이터처럼 마치 방문 같이 생긴 작은 철문을 열면 그 안에 장난감 같은 엘리베이터가 숨어 있었다. 우리도 처음 왔을 때는 엘리베이터를 못 찾아 어리둥절했다. 그 경험을 살려 선생은 엘리베이터를 선뜻 안내해주었다.

"한국 사람이요? 혼자 여행 왔소?"

선생이 물었다. 휴가를 내고 일주일간 이탈리아 여행을 왔다고 했다. 간단한 인사를 나누고 우리는 3층, 여성은 5층으로 헤어졌다.

"참 젊은 사람이 대단하네."

선생은 연신 감탄했다.

다음 날 아침, 호텔 조식 뷔페에서 아침 식사를 하고 있는데 그 여성이 혼자 식사를 하러 들어왔다.

"강 국장님, 내가 저 처자한테 커피라도 한 잔 대접하고 싶어요."

옷깃만 스쳐도 천만겁의 인연을 쌓는 사이라면, 그 인연은 소중히 가꾸어야 하리라.

잠시 후, 우리는 호텔 근처 커피숍에서 커피를 마셨다. 그녀는 의상 디자이너라고 했다. 로마에는 지인이 산다고 했다. 직장인이라 낮에는 혼자 관광을 하고 밤에 지인을 만나기로 했다며 세은이라는 이름의 그녀는 밝게 웃었다.

선생은 유럽을 여행하는 짬짬이 젊은 사람이 해봄직한 사업을 꽤 여

럿 머리에 담아두고 있었던 모양이다. 디자이너니 로마에서 그런 사업을 하며 공부를 해보면 어떻겠냐고 권했다. 선생은 용감하고 진취적인 사람에게 투자하고 싶은 거였다. 늘 젊은 사람에게 돈이 아닌 기회를 주고 싶어 한다는 걸 여행 중에 피력했기에 금방 알 수 있었다.

그녀는 우리가 부자간인 줄 알았다며 해맑게 웃었다. 그 웃음 덕에 여행의 피로가 잠시 흩어졌다. 우리가 베네치아로 출발하기 전까지 말벗을 해준 참 다정한 세은 씨. 그 덕에 테르미니 역에 상주하는 사기꾼에게 열차 예매 수수료를 사기당하고 분해서 발갛게 달아오른 내 얼굴에도 미소가 번졌다.

베네치아행 기차 안에서 선생이 말했다.

"참 바르게 자랐어. 싹싹하고 예의 바르고. 언젠가 저런 친구가 자신의 꽃을 피우는 과정에서 우리와 인연이 다시 이어질지도 모르지. 강국장님도 많이 도와주세요."

지금 내가 도와줄 일이 뭐 있겠나 싶었다. 공연히 방해가 안 되면 다행이지 않을까. 하지만 언젠가 누군가에게 도움이 될 수 있는 위치와 상황이 된다면, 그리고 그때까지 인연이 이어진다면, 그게 무언가가 만들어지는 인연의 실타래일 것이다. 노상에서의 인연이 멋진 기적을 펼쳐내기를 바라본다.

베네치아

버티기는 위대하다.

"우리가 돌의 도시에서 물의 도시로 왔군요."

베네치아 산타루치아 역에서 내려 역 앞 광장으로 내려설 때 선생이
그렇게 말했다. 선생은 가끔 이렇게 좀 괜찮은 멘트를 한 번씩 날린다.
주로 무척 들떠 있을 때 그랬다. 걸음을 옮길 때마다 찬탄이 이어졌다.
선생이 한참 베네치아의 풍광을 바라보다 내게 물었다.

"이 도시는 언제 만들어진 거예요? 무척 고생했을 것 같은데. 물을
메워서 만든 것도 아니고 아예 물 위에 떠 있는 도시잖아요. 놀라운데."

그랬다. 물 위의 도시 베네치아. 지금은 그 독특하고 신비스럽고 아
름다운 도시의 모습 때문에 매년 1,200만 명 이상의 관광객을 불러들
이는 축복받은 도시이지만 그 시작은 힘겹고 척박했다.

5세기 훈족이 이탈리아 반도로 밀고 내려왔을 때, 사람들은 광포한 훈족을 피해 바다 위에 촘촘히 말뚝을 박고 그곳에 도시를 건설했다. 이후 베네치아는 그런 척박한 환경을 버텨내고 일어나 르네상스 시절 무역을 통해 이탈리아 반도 최고의 해상 무역 도시로 부상했다. 특유의 현실주의와 경제적 감각으로 이슬람과 가톨릭 사이에서 놀랍도록 현명하게 줄타기를 하며 부를 축적해 번영할 수 있었다. 지리 조건이나 지정학 모두에서 고달프기 이를 데 없는 신세였는데도 말이다.

　"그렇군요. 그래서 맘에 와 닿았나 봅니다, 이 베네치아가."

　그렇게 말하는 선생의 목소리가 떨렸다. 왜 그런지 대번에 알 것 같았다. 베네치아에 들어서는 순간, 나는 속으로 참 선생과 닮은 도시라는 생각이 들었으니까. 선생의 삶은 마치 풀씨 하나가 바람에 흩날리듯 날려와 도심 속 콘크리트의 틈바구니에 기적처럼 자리 잡은 것과 비슷했다. 그 풀씨가 살아보겠다는 강한 의지 하나로, 자그마한 빗방울 하나 놓치지 않으려 발버둥 치며 피워낸 풀잎 같았다.

　"이번 여행을 참 잘 선택했구나 하는 생각이 들어요. 이 베네치아를 본 것 하나만으로 나는 이번 여행이 충분히 가치 있다고 생각했습니다. 정말 감사해요."

　갑작스런 선생의 인사에 뭐라 답해야 좋을지 몰라 머뭇거리자 선생이 계속 말을 이었다.

　"난 이번 여행을 시작할 때 이런 생각을 했어요. 나는 강 국장님에게

서 역사와 지리, 교양 등의 지식을 배우고, 강 국장님은 나에게서 경제와 투자 지식을 배울 수 있을 거라고요. 그럼 우리 둘 다 윈윈 하는 건데, 강 국장님은 어떤지 몰라도 나는 너무나 만족하고 감사해요. 강 국장님, 내가 마음으로 감사히 생각하고 있다는 것을 알아주소."

선생이 베네치아를 접하며 당신의 어린 시절을 떠올렸다면, 나는 베네치아를 보며 문득 김혜남을 떠올렸다.

《서른 살이 심리학에게 묻다》의 저자인 정신분석학자인 김혜남은 파킨슨병을 앓는다. 몰랐다. 그냥 베스트셀러 저자인 줄로만 알았다. 출판사에 근무할 때 '중년의 사춘기'에 관한 원고를 청탁하고자 늘 리스트업 1번에 올렸던 작가였을 뿐이다. 그러다 한 신문 인터뷰를 통해 알게 됐다. 파킨슨병은 무서운 병이다. 도파민이라는 신경 전달 물질을 생산하는 뇌 조직이 손상되면서 생기는 병인데, 이 병에 걸리면 손발이 떨린다. 행동은 느려지고 몸은 딱딱해진다. 우울증과 치매가 동반되기도 한다. 이렇다 할 치료법도 없다. 약으로 진행을 조금 늦출 수 있을 뿐이다. 병에 걸린 지 15~17년이 지나면 아주 심각한 장애가 오거나 사망에 이르게 된다.

그런 그녀는 파킨슨병과 투병하던 2002년부터 2009년까지 다섯 권의 책을 썼다. 합쳐서 120만 부가 팔려나갔다는 것도 감탄할 일이지만 더 놀라운 건 그런 엄청난 질병과 싸우면서 책을 다섯 권이나 써냈다는 사실이다. 절망이나 우울증에 빠져 있어도 시원찮을 처지 아닐까?

몸이 성한 사람도 책을 한 권 쓰려면 몇 년을 끙끙거린다. 그런데 그녀는 슬픔이나 우울에 잠겨 있지 않았다. 오히려 더 열심히 살아왔다. 무얼까? 그 뒤에 숨어 있는 '생각'은. 남다른 일을 해낸 사람들이나 남다른 삶을 사는 사람들에게는 분명 남다른 '생각'이 있다.

그녀는 '버티기'라는 '생각'을 들려준다. 세상은 다 버티는 거란다. 그러니 잘 버티는 게 중요하단다. 나는 사실 이 말에 감동받았다. 내가 살면서 듣기 싫은 말 중에 하나가 "너 왜 그렇게 살아?"라는 말이다. 왜 그렇게 참고 사냐다. 언제까지 남의 인생 살아줄 거냐면서, 확 질러 버리란다. 회사도 때려 치란다. 회사 밖으로 나가면 추운 정도가 아니라 얼어 죽는다는 말을 하면서도 창업하란다. 그래야 사람답게 사는 거라면서 말이다. 나는 내 나름대로 다 생각이 있다고 얘기하면, 어떻게든 설득하고 설복시키려 한다. 잘못 살고 있다고, 나를 이해시키려 한다. 내 입에서 아주 적극적으로 "너 정말 좋겠다. 진짜 부럽다. 너 진짜 짱이다!"라며 '투 썸 업'을 해줘야 끝난다. 충고를 건네고 그 충고에 대해 상대가 수긍하기를 바라는 사람일수록 '인정'에 배고픈 사람인 경우가 많다. 그래서 난 늘 그렇게 해준다. 되도록 논쟁하지 않는다. 인정을 원하는 사람을 인정해준다.

그 대신 참지 말라는 섣부른 충고는 살짝 비켜 보낸다. 그저 견딜 뿐이다. 꼭 "인생은 고해"라는 말을 되뇌지 않더라도, 에덴동산에서 내쫓겼을 때 이미 "수고로운 인생이 시작되었다"는 것을 상기하지 않더라도, 인생은 고해다. 갓 태어난 생명이 스무 살 남짓의 절정기를 맞이한 이후 점점 사멸해가는 것이 삶이다. 지나간 청춘이 그립고 떠나간 사람들이 보고 싶고 못 이룬 꿈이 안타까운 것이 인생이다. 그 큰 '버티기' 가운데에 아주 짧은 순간에 대해 "참지 말라"는 충고를 어찌 받아들일 수 있을까.

그런데 김혜남이 세상은 다 버티는 거라 말해주니 마냥 고맙다. 사람은 운명을 어쩔 수 없다. 어느 날 내게 닥쳐오는 불행을 어찌 막을 수 있을까? 태어나면서 내게 주어지는 가족과 환경을 어찌할 수 있을까? 열심히 노력하며 살지만 어쩔 수 없는 것은 버텨야 하는 거 아닐까? '운명'이 덮쳐오면 버티는 것 말고 무슨 방법이 있을까?

게다가 버텨낸다는 건 그냥 주어진 것에 말없이 순종하는 것이 아니라고 김혜남은 말한다. 버티는 동안 그 사람의 마음속에서는 분노와 모멸감, 부당하다는 생각 등이 용광로처럼 뒤섞이며 끓어오른다. 타인의 기대에 자신을 맞추기도 해야 한다. 그러면서도 자기 자신을 잃지 말아야 한다. 그게 버티는 것이라는 얘기다.

주변에 어리석게 힘든 상황을 억지로, 힙겹게 버텨내고 있는 이를 보거든 그냥 응원해줘야 한다. 공연히 오지랖 넓게, 그렇게 살지 말라는 설익은 충고는 하지 말아야 한다. 그럴 시간에 '나나 잘해야' 한다. 그는 버텨내고 있는 것이다. 조금 더 신중하게 미래를 모색하고 있을 뿐이다. 무책임하게 세상에 도박을 거는 대신, 내가 짊어져야 할 짐을 온전히 지고 내가 책임져야 할 사람을 위해 애를 쓰고 있을 뿐이다. 더 크게 후회하지 않기 위해서 작은 후회를 남기며 오늘을 참아내고 있을 뿐이다. 어느 쪽이 옳다고 말할 수는 없지 않을까. 거대한 운명에 맞서는 버팀은 감동적이다.

김혜남도 자신의 병을 버텨내고 있다. 그녀가 정신과 의사 일을 할 때는(지금은 환자를 보지 않는다) 자신의 분노를 의사인 그녀에게 쏟아내는 환자들을 버텨냈다고 한다. 버팀의 고수인 그녀가 가르쳐주는 두 가지 방법이 있다.

하나는 한 발짝씩 가기다. 파킨슨병에 걸리면 소변이 자주 마렵단다. 어느 날 밤 그녀가 화장실에 가고 싶어 나서려는데 다리가 움직이지를 않더란다. 자칫 바지에 실례를 할 판이었다. 비참하고 막막한 심정으로 자신의 발을 내려다보며 천천히 한 발을 떼어보았더니 움직이더란다. 다시 한 발을 보며 천천히 떼고, 또 다른 발을 보며 천천히 떼고…. 그렇게 하다보니 어느새 화장실이었단다.

'아, 한 발짝이구나!'

그때 그녀는 깨우쳤다. 먼 곳을 바라보지 말고 한 발짝씩 떼다보면 어느새 목적지에 닿는다는 것을. 세상을 버텨내려면 무조건 한 발짝씩 내딛어야 한다.

또 한 가지 방법은 의존심을 없애는 것이다.

"내 환자들을 보면, 부모님이 돌아가시면 보통 경과가 더 좋아진다.

의지할 곳이 없어지면 자아는 자기를 살리게끔 돼 있다."

어려서 억울한 일이 있어 애써 참고 있을 때 누가 "어? 얘 우네. 운다. 운다" 이러면 누구나 여지없이 울음을 터뜨린다. 어른이 되어서도 마찬가지다. "너 정말 힘들겠다." 이렇게 옆에서 자꾸 얘기해주면 스스로 정말 힘들다고 생각한다. 힘들어도 된다고 믿게 된다. 하지만 김혜남은 사소한 일까지 상처라고 말하면 삶이 문제 덩어리가 돼버린다고 말한다. 우리는 더 이상 어린애가 아니다. 어린아이는 어쩔 수 없는 상황을 만나면 운다. 도와달라는 것이다. 그러나 어른은 다르다. 의존하지 않는다. 우리는 보통 더 이상 기댈 데가 없을 때 어른이 된다.

삶은 어떠한 경우에든 버텨내는 거다. 박 선생은 고통스런 어린 시절을 눈물을 삼키며 버텨냈다. 김혜남은 파킨슨이라는 운명을 버텨내고 있다.

베네치아 사람들은 삶에 닥쳐온 시련을 '물 위에서' 버텨냈다. 그리고 그들은 마침내 세상에서 가장 아름다운 수상 도시를 만들었다.

버티기는 위대하다(곽아람 기자의 캔버스 - "내 몸은 달팽이처럼 느려졌지만… 다른 세상이 눈에 들어왔다", 〈조선일보〉, WHY, 2015년 3월 21일자 참고했음).

초능력

"선생님 외계인이죠?"

아무래도 선생에게는 초능력이 있는 것 같다. 처음에는 우연인 줄 알았는데, 그런 우연이 자꾸 반복되니까 좀 무서울 정도였다. 이를테면 이런 식이다.

나폴리에서 로마로 가는 기차를 타기 위해 나폴리 중앙역에서 기다릴 때였다. 유레일패스를 가지고 있었기 때문에 예약금만 내면 일등석 기차의 좌석을 얻을 수 있었다. 평생 탈 기차를 두 달 동안 다 타는 일정이기에, 일등석을 탈 수 있다는 것은 꽤 괜찮은 호사였다. 종종 콜라나 음료와 물, 작은 과자 등을 서비스 받는 것도 행복했다. 커피 한 잔, 물 한 병 사는 것도 귀신같이 잘 챙기는 선생인지라, 무료로 물과 음료를 받을 수 있으면 돈을 번 기분이었기 때문이다.

어쨌든 좌석표를 예매하고 우리가 탈 기차가 들어올 플랫폼이 정해지길 기다리고 있었다. 유럽의 열차는 한 15분 전쯤에 플랫폼이 정해지는 경우가 많았다. 나는 혹여 기차를 놓치면 어쩌나 하는 노파심에 전광판을 뚫어지게 쳐다보고 있었다. 그때 선생이 갑자기 짐가방을 끌고 가며 말했다.

"저기 16번인 것 같네요. 갑시다."

나는 순간 당황했다.

"아뇨, 선생님. 잠시만요. 그냥 막 가시면 안 되는데…."

그러며 전광판에서 우리가 탈 기차의 번호를 찾았다. 그런데 헉, 16번이 맞다. '어떻게 아셨지?'

"어떻게 아셨어요? 혹시 저 몰래 전광판 보셨어요?"

"아뇨? 전광판 그런 거 안 봤어요."

"근데 어떻게 아셨어요?"

선생이 씩 웃으며 말했다.

"이 정도면 굶어 죽지는 않겠죠?"

늘 이렇다. 물이 마시고 싶어서 가게를 찾으면 내 눈에는 죽어도 안 띄는 가게를 선생은 단번에 찾아서 "여기 있네" 한다. 호텔을 찾을 때도 나는 구글 지도를 켜들고 네비게이터를 쫓아 간신히 찾아가는 길을 선생은 내 이야기 몇 마디만 듣고 금방 간판을 찾아낸다. 이건 동물적인 감이라고밖에는 할 말이 없다. 궁금해 견딜 수가 없어 선생과 잠시 카페에서 커피를 마실 때 물었다.

"비결이 뭔가요?"

"뭐요?"

"어떻게 그렇게 뭐든지 척척 잘 찾냐는 거죠. 무슨 방법이 있나요?"

"모르죠. 방법은 무슨 방법. 그냥 그런 느낌이 들어서 강 국장님에게 확인해본 거죠."

"아닌데. 뭔가 있는데."

선생의 초능력이 연거푸 터져 나온 건 헝가리의 부다페스트에서 슬로바키아의 브라티슬라바로 이동할 때였다. 부다페스트의 호텔 앞 지하철역에서 중앙 기차역까지는 세 정거장이다. 나는 분명히 정거장을 확인해놓았는데, 자꾸 선생이 한 정거장 앞에서 "여기인 것 같은데, 내립시다" 하는 거다. "아뇨, 한 정거장 더 가야 합니다"라며 선생에게 말해놓고 문이 열렸을 때 혹시나 해서 역 이름을 살펴보니 중앙 기차역 이름이 떡 하니 적혀 있는 거다. 부리나케 짐을 싸들고 지하철에서 내렸다.

"어떻게 아셨어요?"

"그냥 감이라니까. 빨리 갑시다. 기차 시간 늦겠어요."

지하철역을 나와서 개찰구 근처에서 표 검사를 할 거라 생각하고 표를 찾았다. 그 전날 부다페스트에 도착했을 때도 역무원 둘이 여행 가방을 든 우리만 쏙 붙잡아 표 검사를 했기 때문이다. 근데 선생은 태연

했다.

"오늘은 검표 안 할 테니까 걱정 말고 그냥 가요."

"어제 못 보셨어요? 빨리 표 찾아놓으세요. 여긴 표 없으면 벌금을 50배나 문단 말이에요."

"허, 괜찮데도."

근데 개찰구에 가보니 아무도 없었다. 표를 보여주지 않고 무사 통과. 귀신이 곡할 노릇이다. 부다페스트에서 브라티슬라바를 가는 기차를 탈 때도 마찬가지였다. 우리가 기차를 탈 플랫폼은 7번인 것 같았지만, 7번 플랫폼에 서 있는 기차가 브라티슬라바로 가는 것인지는 알 수 없었다. 역무원을 찾았지만 보이지 않았다.

"선생님, 여기서 잠깐만 기다리세요. 제가 물어보고 올게요."

"그냥 타요. 이 열차 맞는 것 같아."

"잘못 타면 큰일 나요. 딴 데로 간단 말예요."

"괜찮다니까."

우리가 탈 칸을 찾아가면서 보니, 다행히 열차 행선지가 붙어 있는 표지가 보였다. "브라티슬라바 경유, 프라하행." 아, 진짜 귀신이 곡할 노릇이다. 왜 나는 죽어라 찾아도 안 보이는 게, 선생의 눈에는 쏙쏙 보인단 말인가. 내가 바보가 아니면 선생이 초능력을 가지고 있는 것이다.

나는 기차에 올라서 작심하고 물었다.

"선생님 외계인이죠?"

"뜬금없이 무슨 소리예요?"

"피가 하얀색이거나 파란색 아니에요?"

"잠이 덜 깼소?"

"그럼 설명해줘요. 어떻게 아셨어요?"

"뭘요?"

"영어도 아니고 괴상한 알파벳으로 되어 있는 역 이름을 어떻게 알고 내리자고 했는지, 검표원이 없을 거라는 건 어떻게 알았는지, 또 브라티슬라바로 가는 기차인 줄 어떻게 확신했는지요. 네?"

그러자 선생이 씨익 웃으며 알았다는 듯 고개를 끄덕였다. 그 시각에 제복을 입은 사람이 좌석마다 들러 무언가 대화를 나누는 게 보였다. 검표원인가 싶어 나는 부리나케 유레일패스를 꺼내려 했다.

"검표원 아닐 거예요. 너무 서두르지 않아도 돼요."

"네?"

그 사람이 우리 좌석 앞에 왔을 때 코팅 된 쪽지를 내밀었다. 자세한 내용은 모르겠고, "누구에게 도움을 주기 위해 돈을 달라"는 대목은 영어로 되어 있어서 읽을 수 있었다. 헝가리에서 담배를 잔뜩 사버렸기 때문에 동전밖에 없어서 동전을 모두 주려 했다. 선생이 동전은 안 받을 거라고 했다. 정말 안 받았다. 아, 외계인이 맞는 것 같다.

조금 지나니 식당 칸의 직원이 와서 뭐 필요한 것이 없냐고 묻는다. 우리는 커피 두 잔을 시켰다. 조금 있다가 커피가 왔다. 근사한 개인용

찻주전자에 커피가 나와서 기분이 좋아졌다.

"여기는 공짜 커피도 엄청 좋은 걸 주네요?"

"공짜는 무슨. 곧 돈 받으러 올 거니까 준비해둬요."

그리고 나서 곧 직원이 3.8유로를 달라고 왔다. 아, 정말. 이 초능력의 비밀, 이젠 반드시 알아야겠다. 선생을 다그쳤다.

"빨리 알려주세요. 초능력의 비밀을."

"초능력은 무슨 초능력. 그저 잘 관찰하고 상식적으로 생각하면 돼요."

"잘 관찰하고 상식적으로 생각한다고요?"

"그래요. 아까 부다페스트에서 중앙 기차역에 내릴 때는 내가 우리옆 좌석의 승객들을 보고 있었단 말이에요. 다들 여행용 가방을 가지고 있더라고. 근데 바로 우리가 내린 그 역 근처가 되니까 다 일어서서 준비하더라고. 그래서 강 국장님에게 물어본 거야. 분명히 저 사람들도 우리처럼 다음 도시로 이동하려는 것 같으니 여기가 중앙 기차역이겠거니 하고."

"…!"

내가 멍하니 있다가 또 물었다.

"검표원 없는 줄은 어떻게 아셨어요? 그건 그냥 때려 맞춘 건가요?"

"아니, 그것도 상식적으로 생각했죠. 부다페스트 검표원이나 한국의 교통 경찰이나 결국 한 번 움직였을 때 얼마나 많은 벌금을 거둘 수 있느냐를 고려하지 않겠어요? 근데 우리가 이동한 시간은 출근 시간이잖아요. 여행객은 별로 없고 아침 바쁜 시간이고. 생산성 낮은 시간에 거길 지키고 있겠냐고."

"…!"

"그럼 브라티슬라바 가는 기차라는 건 어떻게 아셨어요?"

"강 국장님이 7번 게이트에서 출발한다 그랬잖아요?"

"하지만 그땐 30분 정도 시간이 일렀단 말예요."

"그 시간이면 다른 기차가 플랫폼에서 빠져 나간 다음, 새 기차가 들어올 시간으로는 부족했거든요. 사람을 내려놓고, 태우고, 객실 정리하고 하는 시간도 있어야 하니까. 역이 지나가는 구조가 아니라 들어왔다가 나가는 구조 아닙디까?"

"…!"

"돈 기부하라고 온 사람이 검표원이 아니라는 건, 그동안 경험으로 보면 검표원은 열차 출발한 지 한 10분 뒤에 오더라고요. 공연히 강 국장님이 으레 좌석마다 들르는 사람은 검표원이겠거니 생각한 거지. 그리고 커피 값을 받을 거라고 한 건, 뭐 허리에 돈지갑을 차고 다니는 걸 보고 돈 받는 거라 생각했지요. 이상할 것 하나도 없고, 초능력도 아냐. 자, 커피나 마셔요."

셜록 홈스에게 사건을 해결한 과정을 듣는 왓슨의 심정이었다. 설명을 들으면 이토록 쉽고 당연한 건데, 왜 내 눈에는 하나도 보이지 않느냐는 말이다. 그때 선생이 커피를 한 모금 마시더니 한마디를 더 보탰다.

"책으로 공부한 사람들은 책에만 중요한 게 있다고 생각해요. 하지만 몸으로 세상을 익힌 사람들은 중요한 건 현실에 있다는 걸 알아요. 머리는 사람을 속이죠. 하지만 몸은 안 속이거든요. 상식적으로 생각하면 말도 안 되는 일이 벌어지는 건, 사람들이 머릿속에서 자기 편하게 상상하기 때문이에요. 튤립 한 송이가 집 한 채 값인 적도 있었다면서요? 간혹 그렇게 사람들이 미쳐버릴 때가 있는 것도 그런 이유에서예요. 항상 현실을 관찰하세요. 그리고 상식적으로 생각하세요. 머리는 스스로를 속입니다. 그래서 몸으로 하는 공부, 경험으로 하는 공부가 병행되어야 하는 거예요."

식자우환. 조금 아는 것으로 스스로를 속이고 선입견이나 편견에 사로잡혀 세상을 재단하는 버릇. 거기에 내가 빠져 있었던 것이다. 그것을 깨는 가장 좋은 방법을 선생에게 배웠다. 관찰과 상식.

내가 씩 웃으며 선생에게 말했다.

"그래도 초능력은 초능력이네요. 그런 관찰과 상식을 통한 분석을 거의 0.1초 만에 해내는 걸 보면요. 살짝 한 번 칼로 그어봤으면 좋겠어요. 흰 피 나올 것 같아."

저 초능력도 이번 여행을 통해 절반쯤 훔쳐가고 싶다.

III

인생은 혼자다

"이제 앞으로 여러 일을 겪겠지만
절대, 절대, 절대 포기하지 마시오."

슬로바키아의 중앙역은 우리나라의 지방 소도시 역 같아서 친근했다. 어릴 적 방학 때마다 기차 타고 갔던 고향의 역 같았다. 전날 밤 비가 내린 뒤여서 봄 햇볕이 역 앞 광장에 흩뿌려지고 있었다. 1시간가량 일찍 도착한 터라 우리는 벤치에 앉아 사람들을 구경하고 따사로운 햇볕을 즐기며 한담을 나눴다.

"여기 이렇게 앉아 있으니 내가 어렸을 때 부산역에 혼자 우두커니 서 있었던 때가 생각나오."

"요즘도 그때가 종종 생각나세요?"

"그럼요. 못 잊지. 그걸 어떻게 잊겠어요. 그때 기댈 가족이 있었나요,

허기질 때 빵이라도 사먹을 돈이 있길 했나요. 그때는 인권이라는 개념도 희박하던 시절이라 뭐라도 하나 잘못 주워 먹으면 된통 매질을 당하던 시절이었어요. 하, 그때가 엊그제 같은데 벌써 예순이 되었으니."

광장에 노닐던 비둘기들이 선생이 뿌리는 과자를 따라 모여들었다.

"강 국장님, 인생 참 덧없이 빠릅니다. 그렇지 않소?"

빠르다. 정말 너무나 빨라서 두려울 정도다. 마음은 이십 대의 어느 날에 멈춰 있다. 브라티슬라바의 젊은이들이 웅성거리는 대열에 끼어 들어 웃고 대화를 나누고 싶다. 하지만 문득 쇼윈도 속에 비친 내 모습을 보게 되면 마치 꿈에서 깬 듯 흠칫 놀란다. 중년의 아저씨가 우두커니 서 있다. 마음은 뭐든지 할 수 있을 것 같은데, 남은 인생을 세어 보면 한창 일할 수 있는 나이는 15년 남짓이다. 아직 건축의 기초공사도 못한 느낌인데, 이내 마음이 바빠진다.

내 마음을 읽은 듯 선생이 나지막하게 이야기했다.

"강 국장님, 여행이 끝나고 돌아가면 죽을 각오로 열심히 꿈을 향해 달려봐요. 그러면 마치 이게 정말 내가 한 일인가 싶을 정도의 느낌을 받는 순간이 옵니다. 내 인생에도 그런 순간들이 한 서너 번 있었어요. 열심히 씨 뿌리고 나무 심고 거름 주고 가꾸고 하다가 어느 순간 눈을 들어보면 커다란 나무에 가지가 휘어지도록 열매가 달려 있는 게 보이는 거지. 주워 담을 바구니가 모자랄 만큼 말이오. 그런 순간은 간절하게, 죽도록 간절하게 바라고 노력한 사람에게는 반드시 와요. 반드시

옵니다."

선생은 틈만 나면 내게 용기를 주고 싶어 했다. 농담처럼 이야기하지만 그런 마음이 느껴질 때면 왈칵 눈물이 나려 한다. 어른이 된 언젠가부터 용기를 불어넣어 주는 말보다는 질책과 비난과 험담과 질시와 조롱에 더 익숙해져 왔기 때문이다.

간절함이 가져다주는 기적. 난 선생의 이야기를 들으며《해리 포터》시리즈의 작가 조앤 K. 롤링을 떠올렸다. 낯선 타국에서 아이를 낳고 이혼 후에 영국으로 돌아오면서 그녀는《해리 포터》의 아이디어를 떠올렸다고 한다. 바로 그 순간 그녀가 안고 있던 아이는 해리 포터가 됐고 그녀가 타고 있던 기차는 호그와트 급행열차가 됐으리라. 그녀의 고통이 그녀의 간절함과 섞이는 순간, 세계인을 사로잡은 놀라운 이야기가 튀어나온 것이다.

선생은 벤치에 앉아 햇살을 즐기고 있었다. 그러다 다시 내 눈을 보더니 말했다.

"강 국장님, 성공하려면 사선을 몇 번은 넘나들어야 하는 거요. 내가 보니 강 국장님은 그런 고생과 고통을 견뎌본 적이 없어. 그래서 잘 몰라요. 지금 약간 맛보고 있는 정도랄까? 하지만 앞으로 그런 일들을 몇 번이고 만나게 될 거요."

"저도 제 나름대로 고통이 많았는데요?"

"하, 그건 그냥 어려움이죠. 내가 말하는 고통은 달라요. 가장 밑바닥에서의 고통이죠. 배고픔이 극에 달하면 얼마나 괴로운 줄 압니까? 멸시당하는 게 얼마나 한스러운 줄 알아요? 이 세상에서 나 같은 것 하나 없어져 봐야 쥐새끼 한 마리 슬퍼하지 않을 것 같다는 심정을 겪어봤나요? 그게 고통이에요. 하지만 그 고통에 지지 않고, 그 고통을 잘 저축해놓으면 나중에 그게 보답을 하는 거예요."

말문이 막혔다. 다시 조앤 K. 롤링의 심정이 되어본다. 세상에 대한 분노와 절망감, 막막함, 외로움, 그런 것들은 아마 《해리 포터》 시리즈의 절대 악 볼드모트 같지 않았을까. 그러다 자신의 아이를 들여다보며 다짐했을 것이다. 이 아이만은 어떻게든 지켜내리라. 그 마음이 주인공 해리를 목숨 바쳐 지키는 엄마 릴리 포터의 마음으로 드러나지 않았을까.

"강 국장님, 이제 앞으로 여러 일을 겪겠지만 절대, 절대, 절대 포기하지 마시오. 내가 겪어보니 사업은 절대 실패라는 걸 몰라요. 다만 사람이 먼저 지쳐 손을 놓아버리기 때문에 실패하는 거야. 그것 하나만 마음에 담고 가도 여행 온 보람은 있을 거요. 기억해요. 인생은 혼자예요. 성공은 고통을 간절함으로 넘어설 때 얻어지는 열매지요."

마음속에 한 줄기 청량한 바람이 지나간다. 브라티슬라바의 햇살과 함께 마음속 석판에 지워지지 않게 새겨야겠다.

인생은 혼자다.

그리고 성공은 고통을 간절함으로 넘어설 때 얻어지는 열매다.

신기술

스타트업은 바퀴벌레다.

프라하 역에 도착했을 때 우린 마음이 바빴다. 기차 안에서 구글 검색을 통해 '토모'라는 한국 식당을 발견했기 때문이다. 한 친절한 블로거가 이 한국 식당의 짬뽕이 맛있다는 정보를 자신의 블로그에 올려놓았던 것인데, 만 원 남짓의 적절한 가격은 우릴 더욱 조바심 나게 했다. 며칠간 못 먹은 고추 맛, 마늘 맛을 떠올리자 어느새 입안에 침이 잔뜩 돌았다.

문제는 영업시간. 구글에 올라와 있는 정보로는 오후 3시면 점심 영업이 끝난다. 시간이 아슬아슬했다. 그간의 경험으로 볼 때, 유럽은 칼이다. 자칫 늦으면 5시 이후의 저녁 영업시간까지 기다려야 한다. 우리는 점심을 굶으면서 짬뽕을 고대하고 있었기에 절대 놓칠 수 없었다.

열차가 멈춰 서자 우리는 택시 정류장을 향해 캐리어가 부서져라 끌며 달렸다. 죽 늘어서 있는 택시와 택시 운전자들이 보였다. 맨 앞의 택시를 타려니 한 운전자가 다가와 400코루나라고 가격을 부른다. 재빨리 스마트폰 환전 계산기를 두드려보니 우리 돈으로 2만 원가량이다. 오 마이 갓. 불과 몇 킬로 떨어진 7분 거리에 2만 원이라니. "엄청난 바가지"라며 투덜거리면서 돌아서려니까 운전사가 10유로를 부른다. 1만 3,000원. 아직 비싸긴 했지만 짬뽕이 급했다. 그냥 타고 가기로 했다.

　　그렇게 '토모'에 다다르니 간신히 점심 영업 종료 직전이었다. 숨을 헐떡거리며 짬뽕 두 그릇과 초밥 세트를 기다렸다. 초밥 세트도 1만 원 수준이다. 아, 이 가격! 믿을 수 없다. 조금 있다 주문한 음식이 나왔는데 선생이 김초밥 하나를 입에 넣더니 엄지손가락을 치켜세웠다. 나도 와사비를 조금 발라 입 안에 넣었다. 훌륭했다!

　　이후 땀이 뻘뻘 흐르는 것도 아랑곳하지 않고 짬뽕을 들이켰다. 선생은 만족스러운 듯 주인을 불렀다. 선생의 예측대로 주인은 한국에서 일식 요리사를 하던 주방장 출신이었다. 우리가 둘러본 나라들의 한국 음식 수준을 들려주며 선생은 여기가 최고라고 다시 한 번 엄지를 세워 들었다.

　　즐겁게 이야기를 나눈 뒤 우리는 토모 사장님이 불러준 택시를 탔다. 요금이 올라가는 것을 보니 역에서 우리가 10유로 주고 탄 택시가 얼마나 비싼 것이었는지 깨달을 수 있었다. 문제는 호텔에 내려서 계산할 때였다. 미터기에는 분명 125코루나, 그러니까 우리 돈으로 약 6,000원 정도가 찍혔는데 유로로 계산한다니까 10유로를 내란다. 1만 3,000원을 달라는 것이다. 못 주겠다고 버티면서 '토모' 사장님에게 적정 가격을 전화로 물어봤다. 6유로 주고 안 된다고 하면 경찰서 가라고 한다. 결국 실랑이 끝에 6유로만 주고 호텔방에 들어왔다.

프라하에 들어서며 설레던 마음이 택시 두 번 타고 나서 확 구겨져 버렸다. 나는 씩씩거리며 스마트폰을 들고 우버 앱을 켰다. 프라하에서 우버가 되는지 살폈다. 오, 된다. 우버팝과 우버블랙이 영업 중이었다. 나는 곧장 앱을 열어 프로모션 코드를 등록했다. 앞으로 프라하에서 우버가 있는 한 택시 탈 일은 없을 거다.

신기술은 항상 기존의 산업에서 약한 고리를 뚫고 나와 성장한다. 우버가 강력한 이유는 꽤 여러 가지다. 운전자에게 서툰 외국어로 행선지를 알릴 필요가 없다. 지피에스(GPS)로 기사가 알아서 찾아간다. 승객이 지리를 모른다고 일부러 시내를 뺑뺑 도는 운전자도 없다. 최단 거리에서 지나치게 멀리 돌아가는 운전자는 우버의 알고리즘에 감지되어 페널티를 먹거나 아예 드라이버 라이센스를 박탈당하기 때문이다. 반 강제 비슷하게 줘야 하는 팁도 필요 없다. 내린 뒤 운전자 평점에 별을 많이 주는 것이 팁이다. 택시를 타며 받는 거의 모든 스트레스가 없다. 만약 운전자가 승객을 속이고 목적지까지 통상적으로 가는 루트와 달리 훨씬 먼 거리를 달려 도착하면 우버 본사의 관계자가 전화를 걸어와 일부 금액을 환불해준다.

이런 상황에서 체코 택시를 누가 타려 할까. 이제 체코 택시는 우버보다 비싼 이유를, 우버를 두고 택시를 타야 하는 이유를 손님들에게 설득하지 못한다면 사라져갈 수밖에 없다. 우버가 수많은 택시 기사의 밥줄을 끊는다고 우버를 금지하게 하는 것만이 능사는 아니다. 인간은 언제나 더 편하고 효율적인 제품과 서비스를 선택해왔다.

이제 나 같은 아저씨도 숙박 앱을 통해 잠자리를 검색하고 구글 네비게이션을 이용해 숙소를 찾아간다. 유레일 맵을 통해 열차 노선을 미리 알아보고 환율 앱을 통해 환율을 비교한다. 포스퀘어(Foursquare)와 트립어드바이저(TripAdvisor)로 식당을 고른다. 카카오톡 영상통화나 페이스타임을 통해 집에 있는 가족들과 화상 통화를 한다. 디지털, 모바일이 이미 우리 삶 깊숙이 파고든 지 오래다. 이제 나보다 더 젊은 세대들에게는 생활과 떼려야 뗄 수 없는 것이 디지털, 모바일 기술이다.

그렇게 변해가는 것을 인력으로 막기는 어렵다. 이런 시대에 안 좋은 평판이 누적되면 그 제품과 서비스는 소리 소문 없이 사라져 버린다. 시쳇말로 한 방에 훅 간다. 체코의 택시 기사들을 보며 아쉬웠다. 5,000원, 1만 원을 억지로 더 받는 순간에 자신의 업이 사라지고 있는 것을 그들은 모르는 듯했다.

아니, 어쩌면 우리 모두 체코의 택시 기사와 비슷한 운명 앞에 놓여 있는지도 모른다. 내 앞의 일을 정말 '장인'처럼 예술의 경지로 끌어올려 고객을 감동시키지 못하면, 언제 어느 때 '파괴적 혁신'이 들이닥칠지 모른다.

그런 생각을 하며 우버 앱의 운전자 평점에 별 다섯 개를 곱게 찍어줬다. 체코의 우버 운전자들은 택시 기사들과 다르게 무척 친절했다. 하지만 그 친절함이 왠지 모르게 서늘했다.

그사이에 우버는 음식 딜리버리 서비스인 우버이츠와 차량 카풀 서비스인 우버쉐어를 가지고 한국 시장을 노크하고 있다. 우버쉐어와 비슷한 카풀 서비스는 이미 풀러스와 럭시, 티티카카 등이 시장에 나와 있다. 우버만 내쫓으면 모든 문제가 해결될 것이라고 믿는 것은 착각이었음이 증명됐다. 스타트업은 어디에 아주 자그마한 규정 하나만 있어도 그 규정을 이용해 자신의 사업을 키워내고 만다. 에어비앤비의 두 창업자를 보고 벤처 투자자 중 한 사람이 '바퀴벌레' 같다고 했다. 절대 죽지 않고 별의별 짓을 해서 살아남는 것을 두고 한 얘기다. 스타트업은 바퀴벌레다. 그들의 도전을 규제하는 것은 어리석다. 규제가 불가능하다. 밟아도 죽지 않는다. 그들이 만드는 새로운 서비스가 앞으로의 미래를 만들 것이다. 그들과 경쟁하려면 자기 사업의 '존재의 이유'를 명확히 깨닫고, 고객의 니즈에 부합하는 서비스를 해야 한다.

파괴적 혁신은 타성에 젖은 기존 업계의 빈틈을 어김없이 찌르고 들어오기 때문이다.

멋

"뷰티풀. 유 아 뷰티풀."

프라하에서 우리가 머문 곳은 호텔 안티크. 살짝 바랜 듯한 외관의, 조금은 좁은 호텔 정문을 들어서자 좌측에 나이 지긋한 할아버지 한 분이 카운터를 보고 있었다. 느리지만 품위 있는 말투로 우리의 인적 사항을 물었다. 키를 내주며 간단한 안내를 해줄 때도 어딘가 모르게 기품이 느껴졌다.

"호텔 좋아요. 잘 골랐어."

선생의 얼굴에 화색이 돌았다. 방에 들어선 선생이 흐뭇한 미소로 집기들을 둘러보며 말했다. 카운터에 있는 주인 할아버지만큼이나 오래되어 보이지만 잘 관리된 방과 집기들은 정갈하고 단아했다. 잘 빨아 말린 이불을 손으로 쓰다듬던 선생은 "난 이런 이불이 좋아요. 깔끔

하고 잘 말라 뽀송뽀송한 이불. 아, 좀 자야겠어"하며 어린아이처럼 이불 속으로 쏙 들어갔다.

슬로바키아에서 이른 아침에 출발해 4시간여를 기차로 달려 프라하에 도착한 터였다. 택시 기사 때문에 스트레스를 받았기에 나 역시도 온몸이 축축 늘어지는 듯했다. 피곤이 쌓일 만한 하루였다. 선생과 나는 꿀 같은 낮잠에 빠져들었다.

한 두어 시간 후 선생이 나를 깨웠다.

"이제 한번 둘러봅시다. 프라하, 궁금해요."

우리는 그 유명한 카를교로 향했다. 트램길을 따라가며 펼쳐지는 프라하 시내의 모습은 마치 자그마한 보석 같았다.

"로마가 멋진 남자의 모습 같다면 프라하는 어여쁜 여인의 모습 같네요."

카메라를 들이대면 그대로 예술이 되는 도시였다. 발길 닿는 대로 걸으면 걸을수록 더욱 반짝이는 도시였다. 30개의 성상들이 서 있는 카를교 양 옆의 풍경은 낯선 여행객을 매혹시키기에 충분했다.

다리 한가운데쯤 와서 마음속으로 소원을 빌고 있을 때 난데없는 불꽃이 하늘로 날아올랐다. 여행객들을 위한 불꽃놀이였다. 이번에도 선생의 동물적 감이 통했나 싶었다. 어쩜 딱 불꽃이 날아오를 때 카를교에 서 있게 되다니. 타이밍을 맞추는 데는 가히 신의 경지라 할 만했다. 코발트블루 빛이 된 프라하의 하늘을 불꽃이 수놓자 내 주변의 커플들은 약속이나 한 듯 얼싸안고 입을 맞췄다. 그 젊음이 아름답고 부러웠다. 하는 수 없이 선생이라도 부둥켜안고 뽀뽀라도 해야 하나 실없는 생각을 하며 다리를 건너 시가지를 거닐었다.

다시 바츨라프 광장으로 왔을 때, 한국 신혼부부 한 쌍이 사진작가 앞에서 포즈를 취하고 있었다. 작가는 부부를 보고 이렇게 서봐라, 발을 좀 뻗어봐라 하며 연신 카메라의 셔터를 눌러대고 있었다.

"멋지네요. 사진사까지 대동해서 신혼여행을 왔나봐요. 좋겠다, 저 부부는."

그러자 선생이 나를 잠깐 쳐다보더니 그 부부를 바라보며 말했다.

"저게 부러워 보여요? 결혼은 저렇게 하는 게 아니에요. 저건 멋이 아니에요."

그러면서 선생은 아까 왔던 길 바로 옆길로 걸음을 옮겼다. 그 길 양편으로는 카르티에, 보스, 에르메스 등의 읽기도 힘든 브랜드의 명품 숍들이 화려하게 자리 잡고 있었다.

"아름다운 카를교의 풍경을 함께 보며 거닐다가 이곳 명품 거리에서 값 비싼 옷과 구두와 시계를 사주면 어떤 여자라도 강 국장님을 보고 멋있다고 할 것 같죠? 하하. 그건 멋이 아니에요. 그건 아무것도 아냐. 멋은 그렇게 돈으로 사는 게 아니에요."

선생은 쇼윈도우에 진열된 보석 박힌 시계들과 길쭉한 마네킹에 폼나게 입혀진 심플하고 단정한 옷들을 둘러봤다. 그러다 입을 열었다.

"그런 거 부러워하지 마세요. 부러워할 건 따로 있어요."

명품 거리를 지나 우리는 다시 호텔 안티크로 발길을 돌렸다. 어느새 밤이 내려앉은 프라하의 거리는 황금빛 가로등 물감이 번진 감청색 캔버스 같았다.

"하루 더 머물러야겠어요. 프라하, 참 좋네요. 호텔 카운터에 하루 더 묵고 갈 수 있는지 물어봐줘요."

카운터에 가보니 이번에는 품위 있게 미소를 짓는 할머니 한 분이 앉아 있었다. 천천히 미소를 잃지 않으며 또박또박 이야기하는 주인

할머니는 참 근사했다. 모든 것이 조화로운 모습이었다.

"뷰티풀. 유 아 뷰티풀."

선생이 그렇게 말하며 인사하자 주인 할머니는 고맙다며 미소 지었다. 그 모습이 우아했다. 방으로 올라가는 계단에서 선생은 몇 번이고 "잘했어요. 강 국장님, 호텔 참 잘 골랐어" 하며 어린애처럼 기뻐했다. 그리고 말했다.

"강 국장님, 강 국장님이 부러워해야 하는 건 바로 저런 모습이에요. 두 노부부가 이 여인숙처럼 작고 낡은 호텔을 멋진 안티크로 가꿔왔잖아요. 함께 나이 들어가며 자기 자신들 역시도 오래되어 더욱 가치 있는 안티크 명품으로 가꾸어냈고요. 강 국장님, 멋은 이런 거예요. 돈으로 새 것을 사서 꾸미는 것이 멋이 아니에요. 애정을 기울여 보살피며 아름답게 조화를 이루도록 하는 것, 그게 멋있는 거예요. 멋은 가꾸는 거예요."

그날 밤 선생은 곧 잠들었고 나는 쉽게 잠을 이루지 못했다. 눈을 감은 채, 나는 나와 내 아내가 이 멋진 호텔 안티크의 노부부처럼 멋지고 품위 있게 사랑하며 평생을 살아가길 꿈꾸고 기도했다. 오랜 기간 가꿔져 낭만의 향기를 내는 프라하처럼 멋있게 함께 나이 들어가고 싶었다.

멋은 가꾸는 거다. 잘 가꾸어진 도시 프라하처럼.

회계와 세금

"그거 단디 하소."

체코 오스트라바의 중앙역에 내릴 때 조짐이 이상했다. 너무 낡은 중앙역 건물의 바닥은 군데군데 콘크리트가 파여 있어서 폭탄 맞은 느낌이었는데, 놀랍게도 플랫폼에서 역사로 올라가는 낡은 에스컬레이터는 작동하고 있었다. 뭔가 괴기스러웠다. 게다가 역 앞 광장에 나와 보니 택시가 없었다. 역 앞에 택시가 없다니. 구글의 네비게이션을 뒤져봐도 대중교통으로 호텔에 가는 경로는 보이지 않았다. 선생의 질문이 시작됐다.

"택시 없어요?"

"어떻게 갈 건데요?"

"버스 탈 거요, 트램을 탈 거요?"

"누구한테 물어봐야 되는 거 아뇨, 어?"

말끝을 치올리며 묻는 선생 특유의 "어?"가 나오면 정신을 차릴 수 없게 된다. 간신히 인포메이션 센터를 찾아 물어보니 택시는 전화로 불러야 하니 트램을 타고 가란다. 또 중간에 한 번 갈아타야 하니 주의하라는 당부를 잘 알아듣기 힘든 발음으로 건넸다.

트램은 처음이라 초긴장 상태로 가야 했다. 트램 안의 안내 방송은 체코어로만 나왔다. 어쩔 수 없이 내릴 역이 나오는 전광판을 뚫어지게 쳐다봐야 했다. 알파벳과 비슷하지만 읽는 방식이 많이 다른 까닭에 역 이름이 낯설었다. 정류장에 세워져 있는 표지판과 전광판에 뜬 역 이름을 거의 문자 대조 수준으로 맞춰봐야 했다. 만약 지나치면 어떻게 하나 하는 우려 때문에 마음 졸이며 10여 분을 갔다. 간신히 우리가 내릴 역에 도착했을 때, 기가 차서 입이 다물어지지 않았다.

허허벌판. 말 그대로 아무것도 없는 넓디넓은 정류장만 보였다. 호텔이 있을 법한 동네는 어디에도 보이지 않았다. 큰일 났다. 어떻게 한다?

"날 가둬놓으려고 이런 시골에 호텔을 잡았어요?"

선생이 일부러 농을 걸며 상황을 재미있게 만들려 했지만 내 마음은 타들어갔다. 호텔을 찾아가는 길가에는 작은 상점 하나 보이지 않았다. 그냥 잔디밭이었다. 이제 남은 희망은 하나다. 나는 속으로 제발 호텔만큼은 좀 고급스러웠으면 하고 기도했다.

"이거 창고 개조해서 만든 호텔이네. 근데 곧 망하겠다. 누가 여기까지 오겠어요? 강 국장님처럼 어리숙한 사람 말고?"

호텔 앞에 섰을 때 선생은 그렇게 말했다. 한숨이 폭 나왔다. 이젠 맛있는 식당을 찾아 분위기를 바꾸는 방법밖에 없다. 나는 체크인을 한 다음 선생이 잠시 씻는 틈을 타서 주변 식당을 폭풍 검색했다. 가장 가까운 식당이 2.8킬로미터나 떨어져 있었다. 어딜 가든 아까 1킬로미터쯤 걸어온 트램 정류장으로 다시 걸어 나가야 한다는 얘기다. 방법이 없다. 이럴 땐 빠른 포기, 자진 납세가 생명이다. 만약 욕심을 부려밥을 먹으러 나갔다가 음식이 맛도 없으면서 비싸면 더 낭패다. 그러는 사이, 우리는 점심도 건너뛰고 호텔방에 처박혀 있었다. 선생은 찾아오는 길이 피곤했던지 곧바로 잠에 빠져들었다. 이제 맛난 음식이고 뭐고, 밥을 먹을 수 있는 식당을 찾는 일이 급선무다. 나는 한 끼만 챙겨 먹을 수 있으면 감사하겠다고 기도하며 1층 호텔 식당으로 뛰었다. 다행이다. 저녁 10시에 문을 닫는단다. 저녁을 먹을 수는 있겠다. 그거면 됐다. 돌아와 보니 어느새 선생이 깨어나 있었다.

"선생님, 오늘은 그냥 호텔서 쉬시죠."

"왜요?"

"솔직히 나가기엔 너무 멉니다. 모든 생활 시설이 여기서 3~5킬로 떨어진 곳에 있습니다."

"교통은요?"

"택시 말고는 아까 그 트램 역으로 가야 합니다. 택시는 여기서 부르면 한 10~15분 걸려야 옵니다."

선생은 침대에 누우며 말했다.

"난 오늘은 더 못 나가겠소. 그냥 잡시다."

"저녁은….."

"이 마당에 또 뭔가 드실라꼬예?"

선생은 나를 놀리거나 지청구를 줄 때는 사투리를 심하게 쓴다. 그래도 먹을 건 먹어야 산다. 그게 내 신조다. 선생을 끌다시피 호텔 식당을 가서 파스타와 샐러드를 먹었다. 정말 '니 맛도 내 맛도 아니다'는 말이 무슨 뜻인지 확실히 알 수 있는 음식이었다. 사료 수준이었지만 어쨌든 배는 채웠다. 나중에 정 배고프면 스위스에서 사서 재워둔 초콜릿이 있으니 그거 조금씩 먹으면 되겠다 싶었다.

저녁을 먹고 샤워를 끝내고도 시간이 많이 남았다. 힘들고 스트레스가 잔뜩 쌓이는 하루였지만 우선 영수증 정리는 끝내놓아야 한다. 나는 호텔방 작은 책상에 앉아 그동안 쓴 영수증을 정리하기 시작했다. 그러자 선생이 물었다.

"뭐해요?"

"영수증 정리합니다."

"그거 단디 하소. 여행 끝내고 나한테 매일매일 쓴 비용과 영수증을 보여줘야 합니다."

뭔가 급습을 당한 기분이다. 물론 당연히 여행이 끝난 뒤, 깨끗하게 정산해서 보고하려고 마음먹고 있었다. 그러나 매일매일의 경비 활용처를 꼼꼼하게 정리하리고는 생각지 못했다. 게다가 영수증을 안 주는 가게나 팁처럼 아예 영수증이 없는 돈을 써야 할 때도 있다.

"네, 그러려고 하는데요. 화폐 단위도 계속 바뀌고 영수증을 안 주는 가게도 많아서 어렵네요. 팁 같은 것은 일일이 기억하기가 힘든데…."

"그건 난 모르겠고요. 엑셀 파일로 잘 정리해서 증빙하세요."

분명히 같이 여행 다니며 같이 먹고 마시고 했는데 증빙을 하라니. 내 얼굴에 원망의 빛이 약간 어렸나보다. 선생이 씩 웃더니 다시 엄한 얼굴이 되어서 말했다.

"회계를 왜 하는지 알아요? 특히 사업하는 사람들이? 다 증빙하려 하는 거예요. 보여주기 위해서 하는 거란 말입니다. 내 머릿속에 아무리 잘 정리되어 있으면 뭐해요? 상대방이 이해 못하면."

내가 좀 머쓱해졌다.

"강 국장님, 지금 마음속에 그런 생각하고 있지요? 이 영감님이 돈도 많으면서 왜 이렇게 까다롭게 구는지 모르겠다고. 짜증도 좀 나고 그렇지요?"

솔직히 말할 바보는 없다. 입 다물고 있었다. 그러나 귀신은 속여도 선생은 못 속인다.

"이게 진짜 공부예요. 옛날 내가 식당을 경영할 때 얼마나 철저하게 회계를 봤는지 알아요? 매출이 1억 원이라도 식자재나 인건비 등의 비용을 제대로 증빙하지 못하면 비용 제하고 한 4,000만 원에 대한 세금을 내는 대신, 영수증이 없어 증빙 못한 2,000~3,000만 원까지 보탠 6,000~7,000만 원에 대한 세금을 내야 한다는 말예요."

선생의 가르침은 매서웠다.

"그리고 영수증 간수가 얼마나 중요한지 알아요? 내가 1,000~2,000원 쓸 때는 중요한 줄 모르지만, 1~2억 쓴 거 증빙 못하면 나중에 사업하다 세무조사 나왔을 때 엄청나게 물어야 합니다. 몇 년치 이익이 한순간에 사라지는 겁니다. 계산이 잘 안 되죠? 예를 들어봅시다. 1년에 전표가 없어서 1억 원 정도 매출이 누락됐다고 칩시다. 그러면 부가가치세가 10%니까 1,000만 원의 세금이 누락되는 거죠? 그게 5년이면 5,000만 원이잖아요. 그런데 나중에 세무조사를 받게 되면 그 5,000만 원 고스란히 추징됩니다. 게다가 거기에 소득세 36%도 물게 되죠? 그럼 3,800만 원씩 5년치인 1억 9,000만 원도 동시에 추징되겠죠. 약 2억 4,000만 원의 세금을 추징당하게 됩니다. 그것만이 아니에요. 5년치 5억 원의 매출에 대한 가산세가 덧붙기 때문에 엄청난 세금을 추징당하게 되는 거예요. 무섭지 않나요? 근데 요즘은 모든 거래가 전산화되어 있기 때문에 억울해도 빠져 나갈 방법이 없어요. 결국 내가 살기 위해서 '증빙'하는 겁니다. 내가 무엇에 돈을 썼든 철저하게 영수증으로 증빙을 해야 된단 말이에요."

그 정도까지는 생각지 못했다. '증빙'은 결국 나 자신을 보호하는 거구나. 선생은 그걸 내게 가르쳐주려고 한 거였구나.

"강 국장님은 회사 생활만 했기 때문에 이런 걸 잘 몰라요. 하지만 개인 사업을 하거나 법인을 만들면 언젠가는 겪게 되는 일입니다. 아무리 큰 업체라도 그런 세금 추징당하면 가게가 휘청해요. 그래서 어떤 사장들은 이상한 머리를 씁니다. 허위 영수증을 끊어주는 업체들에서 영수증을 사오는 거예요. 그러면서 누락된 영수증보다 더 큰 금액의 영수증을 끊죠. 세금 줄이려고요. 그렇게 꼼수를 부리면 죽는 겁니다. 그런 허위 영수증 끊어주는 업체들은 결국 세무서에 적발되게 되어 있어요. 그러면 거기서 영수증 끊어간 업체들, 다 줄줄이 세무조사 받게 됩니다. 중과세 되어 가게 절단 나게 되어 있죠. 개인 사업을 하려면 치킨집을 하든 중국집을 하든 일단 세금을 제대로 이해해야 하는 것은 물론이고, 영수증을 철저히 챙기지 않으면 안 돼요. 아주 엄격하게요."

선생의 설명에 따르면, 어떤 업체들은 실컷 물건을 팔고도 영수증을 발급해주지 않는다고 한다. 탈세를 위해서다. 그 업체가 갑의 위치에 있어서 울며 겨자 먹기로 영수증 없이 물건을 사오게 되는 경우도 있고, 그 업체의 물건이 훨씬 싸기 때문에 마음이 흔들려 그 물건을 사기도 한다고 한다. 이럴 때, 영수증이 없으면 그 매입비용이 전부 매출로 잡힌다. 가령 3,000만 원어치 재료를 사서 1억 원의 매출을 거뒀는데, 3,000만 원에 대한 매입 영수증이 없으면 1억 원의 매출이 전부 이익으로 잡혀서 과세 대상이 된다는 얘기다. 억울할 수밖에 없다. 300만 원을 더 내야 하니까 말이다. 그래서 가짜 영수증을 사서 신고하고 싶은 유혹을 느끼게 된다는 것이다.

"그래서 나는 예전에 '대어'를 경영할 때, 일부러 경리를 두 명 뒀어요. 사람이 너무 바쁘면 영수증 관리를 소홀히 하게 되거든요. 하루 2,000만 원 매출을 올리는 식당에서 10만 원씩만 카드 전표가 사라져도 3,600만 원의 매출 신고가 누락되게 되죠. 하지만 카드는 소득공제가 되기 때문에 모두 사용 신고를 하게 되는데 전산화가 잘되어 있어서 결국은 세무서에서 매출 신고가 누락됐다는 것을 알게 됩니다. 그러니까 철저하게 하기 위해 경리 두 명을 두는 게 훨씬 이익이 된다는 얘기예요. 아시겠지요? 회계만 잘해도 사업 잘 안 망해요. 그걸 지금부터 연습해두라는 겁니다. 철저하게 해야 해요. 부자가 되고 못 되고는 그런 사소한 습관에 달려 있는 거예요. 범칙금이나 세금을 제때 못 내서 과태료를 무는 사람들 많아요. 아주 미안한 얘기지만 그런 분들은 사업하면 안 돼요. 반드시 증빙 못해서 망합니다. 이 얘기 허투루 듣지 마세요."

마음이 덜컥 내려앉았다. 나 역시도 범칙금의 기한을 넘겨 과태료를 문 적이 많았기 때문이다. 물론 그럴 때 기분은 나빴지만 귀찮아서 한 4,000~5,000원 더 내는 것에 크게 신경 쓰지 않았던 것도 사실이다.

"그래서 평소에도 가계부를 쓰는 게 중요해요. 내가 얼마나 쓸데없는 데 돈을 쓰는지도 알 수 있게 되는 데다가, 예상치 못한 과태료나 연체료를 내는 것도 막을 수 있으니까요. 사업에서 크게 성공한 사람들은 대부분 가계부를 쓰는 습관을 가지고 있어요. 그건 필수예요. 강 국장님의 지금 표정을 보니까 10년 전에 내가 그렇게 당부했는데도 안 하고 있었나보네요. 자, 그러니까 이번 여행부터 그런 작은 습관들을 들여보라고요. 그래서 강 국장님에게 이번 여행의 회계를 맡긴 거예요."

가슴을 쓸어내리며 회계와 세금에 대해 다시 생각하게 됐다. 그리고 그전에 일단 우리 집의 소득과 지출을 상세하게 적어보는 습관을 들이기로 결심하게 됐다. 오스트라바의 낡고 후미진 호텔에 대한 원망스러운 마음이 눈 녹듯 사라졌다. 그 덕에 살아가면서 자칫 맞닥뜨려야 했을 회계와 세금의 위협을 알게 됐고, 피해갈 수 있는 방법을 알게 되었으니 말이다.

하지만 선생은 계속 투덜거렸다.

"손님이 없으니까 호텔에 훈기가 없어요. 직원도 많이 못 써서 가뜩이나 썰렁한 건물 안이 더 썰렁하고. 에이, 난 잠이나 자야겠다. 강 국장님, 나한테 뭐 불만이나 원한 있는 거 아니지요? 이런 숙소를 일부러 잡아서 나 괴롭히려고 한 건 아니죠?"

무슨 그런 서운한 말씀을. 이렇게 중요한 사실들을 알려주는 좋은 선생님한테 내가 왜 그러겠어요. 그저 죄송할 따름이죠.

근데 정말 호텔 옆에는 풀어 키우는 닭 말고는 오가는 사람은커녕 강아지 한 마리 없다. 에고, 에고.

개인 사업자와 법인 사업자

"법인을 세운다는 건 그만큼 엄중한 문제인 거예요."

"선생님 말씀 들으니까 정말 세금의 중요함을 잘 알 것 같아요. 사실 그래서 저도 나중에 사업하게 되면 법인을 만들려고요. 그래야 세금을 덜 내잖아요?"

선생의 회계와 세금 특강에 고무된 나는 아는 체를 했다. 그러자 선생의 눈이 샐쭉해졌다.

"법인 사업자는 세금을 덜 낸다고요? 누가 그래요?"

"친구가 알려주더라고요. 개인 사업자는 세금을 최고 38% 내야 하지만 법인세는 16%만 내면 된다던데요?"

선생이 한숨을 푹 쉬었다.

"나 원 참. 그래서 잘 모르면서 쓸데없이 함부로 조언하는 게 아니에요. 혼자만 망하면 되지, 왜 그런 잘못된 정보를 알려줘서 남까지 망하게 하냔 말야. 잘 들어요. 법인세는 말 그대로 법인에게 부과하는 세금이에요. 법인의 대표가 낸 세금이 아니란 말입니다. 법인은 '법적인 사람'이라는 뜻이에요. 그렇기 때문에 법인의 대표라고, 회사의 대표이사라고 함부로 법인의 돈을 가져갈 수 없습니다. 만약 그렇게 되면 횡령이 되는 겁니다. 법인의 주식 모두 사장 본인과 가족이 가지고 있다고 해도 마찬가지예요. 배당을 받아서 가져가야 합니다. 무슨 얘기인지 아시겠어요?"

"…!"

"눈치챈 모양이네요. 안 그러면 배임이고 횡령이에요. 형사처벌을 받는 겁니다. 그렇기 때문에 법인에서 대주주가 돈을 가져갈 때는 배당으로 가져가야 하고요, 배당을 받아갈 때는 또 일정액의 소득세를 내야 한다는 거예요. 주식 배당 소득세가 최대 50%가 넘거든요. 법인은 법인세 16%를 내고 개인 사업자는 소득세를 30% 넘게 내야 하니까 법인을 만드는 게 좋다, 그건 정말 아무것도 모르고 하는 조언이에요. 그런 건 듣지 마세요. 탈세하라는 얘기이고 불법하라는 얘기입니다. 뭐 작은 가게 운영하며 하루 벌어 하루 먹고 살 때야 괜찮지요. 국세청에서도 먹고 살라고 어지간하게 작은 가게는 건드리지 않아요. 하지만 규모가 커지면 얘기가 달라집니다."

선생이 확인 사살하듯 한마디 덧붙였다.

"법인에 대해 여러 가지 혜택이 있는 것도 사실이긴 합니다. 하지만 회사가 법인이라면 사장들은 그때부터 긴장해야 합니다. 혹시 문제가 생기면 형사처벌을 받을 수 있기 때문입니다. 법인을 세운다는 건 그만큼 엄중한 문제인 거예요."

"그렇군요."

나는 연신 고개를 끄덕거렸다.

"그러니 절대 주변의 친구들이 흘리는 정보에 너무 민감하게 움직여서는 안 됩니다. 종종 잘 알지도 못하는 사람이 어설픈 충고를 할 때가 있거든요. 강 국장님은 스스로 공부해서 자신의 책임하에 사업을 하세요. 아셨지요?"

선생에게 수업을 들을수록 세상이 조금 무서워진다. 낼모레 오십인데, 세상을 헤쳐 나가기 위한 공부에 있어서는 젬병이었던 거다.

회사를 떠나보니 알게 된다. 지금까지 회사에 많이 기대왔다는 것을. 이제 회사라는 보행기를 버리고 혼자 걸음마를 익혀야 한다. 아기처럼 한 발. 또 한 발.

바르샤바 대소동

　　　　　"여기　손님은　우리하고　드라큘라　백작뿐이겠소."

　그래, 그건 순전히 꿈 때문이었을 거다. 바르샤바에서 그런 일이 벌어졌던 건.

　"간밤에 꿈자리가 너무 안 좋네요. 기분 나쁜 사람이 막 나오고 뒤숭숭한 게."

　체코 오스트라바의 창고 같은 호텔에서 아침을 맞았을 때 선생은 그렇게 말했다. 그 말을 들었을 때 조심했어야 했다. 정말 그렇게 하루가 꼬여버릴 줄은 몰랐으니까.

　"여기 조식이 포함되어 있다고 했죠? 그럼 뷔페는 아니겠네."

　"왜요?"

　"손님이 우리뿐인 것 같던데요?"

"…!"

식당에 가보니 정말 우리뿐이었다. 이젠 놀랍지도 않다. 선생과 함께 다니는 건, 자동 스캔 기능이 내장된 컴퓨터와 같이 다닌다 치면 된다.

우리가 자리를 잡자 직원이 식탁으로 딸기 잼 바른 파이와 햄, 그리고 빵 바구니를 가져다줬다. 선생이 인상을 찌푸렸다.

"음식이 다 썩었네. 잼은 말라붙었고 빵도 오래됐어요. 이 호텔 앞으로 오래 못 가겠어요."

맛이 간 음식이 미안했는지 웨이터가 햄앤에그를 가져다줬는데 달걀프라이가 3개나 들어 있었다. 그나마 다행이었다. 식사 후 우리는 곧바로 오스트라바 중앙역으로 가서 바르샤바행 기차를 탔다.

기차가 출발하고 나서 조금 있으니까 선생이 말했다.

"이 기차 이상해요. 엄청 느린 데다가 도시를 안 지나고 산길로 가요. 뭔가 이상해."

예전 같으면 별일 아니겠지 했을 거다. 그런데 선생과 한 20일 넘게 여행을 하다보니 그런 말이 예사롭지가 않았다. 아니나 다를까. 폴란드의 katowice(어떻게 읽는지 모른다. 그냥 그림이나 다름없었다) 역에서 기차가 멈춰 섰다. 그러곤 움직일 줄을 몰랐다. 영어 안내 방송조차 없어서 우린 멍하니 앉아 있어야만 했다. 우리 뒷좌석의 미국인 부부가 열심히 이곳저곳 묻고 다니며 떠드는 덕에 알게 됐다. 기차가 고장이 났고, 그래서 정규 노선이 아닌 샛길로 왔으며, 한 시간 뒤 출발하는 후속 기차로 갈아타야 한다는 것을. 아, 진짜 선생은 마치 지진이나 해일이 온다는 것도 감지할 듯하다.

그건 그렇고 폴란드 사람들은 놀라울 정도로 태연했다. 이렇다 할 설명을 안 해주는 승무원도 놀랍고, 그런 상황을 아무 불평도 없이 참아내는 승객들도 대단하다 싶었다. 선생과 나, 우리 둘만 씩씩거리며 분해할 뿐이었다.

"간밤에 꿈자리가 진짜 사납더라니…."

선생이 또 한 번 중얼거렸다.

하지만 그날 우리에게 닥친 문제는 그것만이 아니었다.

우리가 마침내 바르샤바 역에 내렸을 때, 나는 멋지게 스마트폰을 꺼내 들고 우버 앱을 켰다. 폴란드에서도 우버가 된다는 걸 미리 검색해놓았던 거다. 출발지와 목적지를 입력하고 우버를 부르는 것까지는 좋았다. 얼마 기다리지 않아 쾌적한 우버 차량이 도착했고 아주 즐겁게 호텔로 향했으니까.

그런데 그다음부터가 문제였다. 목적지에 입력된 호텔로 들어가려고 보니 출입구가 다 닫혀 있었다. 건물을 뺑 돌아 간신히 초인종을 누르고 자동문이 열리고 나서야 안으로 들어갈 수 있었다. 무슨 복덕방 사무소 같은 리셉션 코너에는 뺀질뺀질하게 보이는 여성이 턱으로 인사하며 묻는다.

"왜 왔니?"

"나 강(Kang)이라고 한다. 어제 예약했어."

"그래? 근데 니 이름 없는데?"

"정말? 말도 안 돼. 어제 예약했어. 돈도 다 냈단 말야. 잘 찾아봐!"

"어. 돈 낸 건 난 몰라."

난 울상이 되어 예약 내역을 살펴봤다. 앗, 근데 이게 웬일? 이 호텔이 아니다. 어젯밤에 이곳에 예약하려 하다가 다른 호텔로 마지막에 바꾸었는데, 내가 착각했던 거다. 황급히 리셉션을 빠져 나와 우버를 불렀다. 선생이 혀를 찼다.

"끙… 어째 어제 꿈자리가 사납더라니…."

다시 호텔을 찾아가기 위해 우버에 올라탔는데, 이번에는 이 차가 도심을 벗어나 톨게이트를 빠져 나가기 시작했다. 이건 또 무슨 일이야. 머릿속에 비상 알람이 켜졌다. 자동차 전용도로로 빠져 들어간 우버 차량은 바르샤바 외곽으로 하염없이 가고 또 갔다. 도대체 이 차가 어디로 가는 거란 말인가. 선생의 놀림이 시작됐다.

"강 국장님, 또 어제 오스트라바의 호텔 같은 촌구석에 날 가둬두려는 거요?"

아, 정말 미치겠다. 내가 뭐에 홀렸나. 자동차로 10분이면 간다고 해서 선택했는데, 서울로 치면 파주나 문산 정도의 외곽 지역으로 나가고 있는 거였다. 나는 속으로 '그래도 호텔은 죽여줄 거야. 마치 고성 같았잖아?' 하고 기대했다.

하지만 어떻게 한다? 10분 간다던 거리를 한 30분 달려 도착한 호텔
은 궁전은커녕 마치 폐가 같았다. 사진으로 볼 때의 그 '샤방샤방한' 느
낌은 온데간데없었다. 칙칙하고 음울할 뿐이었다. 이 빌어먹을 '뽀샵'
같으니. 낚인 거였다.

"여기 손님은 우리하고 드라큘라 백작뿐이겠소."

선생이 농을 던지며 놀렸다. 나는 기도했다. '제발, 방이라도 깨끗하
기를.' 하지만 아니었다. 벽에는 선명하게 갈라진 자국이 있었고 가구
는 칠이 다 벗겨 있었다. 오싹할 만큼 한기가 느껴졌다. 선생은 해탈한
표정으로 아이패드를 내게 내밀었다.

"이거나 연결해주소. 그거나 보면서 그냥 누워 쉽시다. 이왕 이리 된
걸 어쩌겠소. 나는 이거 보다 잠이나 잘랍니다."

선생은 내 발갛게 달아오른 얼굴이 보기 안쓰러웠는지 마음을 그리
편하게 먹으려 했던 것 같다. 그, 런, 데! 와이파이가 안 된다. 아이디와
비번을 넣어도 인터넷이 잡히지 않는다. 신호 세기가 너무 약했던 거
다. 이건 치명적이다. 전문 투자자인 선생에게 와이파이가 안 터진다
는 건 전투에 참가조차 할 수 없다는 걸 의미하니까. 선생에게 조심스
레 말했다.

"선생님, 아무래도 이 호텔은 안 되겠습니다. 와이파이가 안 터져요."

선생이 짐을 챙겨 들고 나가며 말했다.

"아까, 역 옆에 있는 노보텔로 갑시다. 간밤에 꿈자리가 정말 사나웠

어. 그래, 꿈이….'

도심의 호텔로 돌아오는 차 안에서는 정말 죽을 맛이었다. 간신히 새로 잡은 호텔방으로 올라갔을 때, 선생은 지쳐서 침대에 몸을 던졌다. 그리고 몇 초 만에 잠들었다.

하지만 아무리 힘들어도 식사는 하고 주무셔야 할 텐데. 생각해보니 오늘 우리가 먹은 거라곤 아침에 오스트라바 호텔에서 준 아침 식사뿐이었다. 점심도 굶었다. 아무래도 나가서 좀 사와야겠다. 아무리 건강 체질이라도 나이 예순에 오늘 고생을 너무 하셨다. 선생이 잠시 지쳐 잠든 틈을 타서 나는 한식당을 검색해 찾아 나섰다. 우버를 타고 갔음에도 그 한식당은 큰 상가 구석에 자리 잡고 있어서 한 15분을 헤맨 뒤 찾을 수 있었다.

'그나마 다행이다'라고 생각하고 된장찌개와 김치찌개를 포장해서 호텔방으로 돌아왔다. 하지만 선생은 식사하다가 숟가락을 놓고 말았다.

"냄새가 너무 나요. 합성수지 냄새가요. 이 용기에는 뜨거운 걸 담으면 안 되는데. 이거 몸에 정말 안 좋은 거예요."

하, 오늘은 뭐 하나 되는 게 없다. 빨리 자야겠다 생각하고 잠자리에 들었는데, 새벽에 뭔가 이상한 느낌이라 잠에서 깨보니 선생이 당황한 표정으로 당신의 손을 들여다보고 있었다.

"왜 그러세요?"

"이 손 한번 봐요."

선생의 손이 퉁퉁 부어 있었다.

"어제 김치찌개와 된장찌개 먹을 때 내가 냄새가 이상하다고 했죠? 독성이 있었나 봐요. 그렇게 장사하면 안 되는데 말이죠."

그러나 문제는 그것만이 아니었다.

"이 와이파이 좀 봐요. 비즈니스 호텔이라는 데가 이 모양이야. 여긴 이제 당장 떠나도록 합시다. 그리고 다음 행선지가 폴란드의 수바우키라고 했죠? 그러지 말고 베를린으로 갑시다!"

헉, 여행의 방향이 확 바뀌어버렸다. 원래 우리는 바르샤바에서 폴란드 국경 근처의 수바우키에서 하룻밤을 자고 거기서 리투아니아의 빌뉴스, 라트비아의 리가, 에스토니아의 탈린을 거쳐 헬싱키로 건너간 뒤 배를 타고 스톡홀름으로 가서 북유럽 여행을 할 계획이었던 것이다. 그런데 갑자기 베를린이라니.

"선생님, 그럼 베를린에서 일정은요? 그다음에는 어디로…?"

"그건 베를린 가서 생각합시다. 강 국장님, 난 살아오면서 이런 일이 생기면 곧바로 뭔가 느낌이 와요. 그저께부터 오늘 아침까지 우리에게 닥친 일들을 봐요. 내 감으로는 여행의 루트를 바꿔야 할 것 같아요. 이럴 때 미련 때문에 억지로 원래 계획을 고집하면 사고 납니다. 좀 서운하더라도 베를린으로 일단 갑시다."

나는 곧바로 수긍했다. 선생은 주식 투자를 하며 수많은 문제와 우연히 닥치는 악재와 수없이 마주했을 터였다. 그때 가장 좋은 방법은 빨리 결단을 내리고 필요하면 '손절매'하고 손을 터는 것이었으리라. 미련을 가지고 머뭇거리면 헤어 나올 수 없는 진창에 빠져들 뿐이다. 그런 경험으로부터 나온 동물적인 판단이다. 따라야 한다.

게다가 이제는 나도 빨리 폴란드를, 이 바르샤바를 벗어나야겠다는 생각뿐이었다. 어떻게 꼬여도 이렇게 꼬일 수가 있을까. 일정은 다음에 생각하고 빨리 바르샤바를 벗어나자.

바르샤바 역에 짐을 들고 도착한 우리는 베를린행 기차표를 예약하러 창구로 갔다.

"나 유레일패스 세이버 2달 글로벌 연속 패스 가지고 있다. 베를린으로 가려고 하는데 좌석 예약해줘."

"응? 유레일? 글로벌? 패스? 그게 뭐야?"

"이거 몰라? 유레일? 그냥 좌석 예약만 해주면 돼."

"몰라, 그딴 거. 어디서 본 것 같긴 해. 잠깐만 기다려. 물어보고 올게."

바르샤바가 마지막으로 이런 식으로 나를 배웅해주는구나. 역무원이 유레일패스를 모를 줄은 몰랐다. 이게 바르샤바식 작별 인사인가? 나는 그렇게 마지막까지도 작은 소동을 겪어야만 했다. 하지만 그녀는 곧바로 돌아와 아주 친절하게 좌석을 예약해줬다.

베를린행 기차에 올랐을 때 나는 털썩 좌석에 몸을 던졌다. 휴, 드디어 떠나는구나. 그때 선생이 씩 미소를 지으며 말했다.

바르샤바 문화과학 궁전

　"강 국장님, 힘들었지요? 하지만 이게 여행이고 이게 인생이에요. 살면서 이런 일은 비일비재합니다. 살면서 인생에 닥쳐오는 고난과 문제라는 파도를 만났을 때, 조금만 잘못 대처하면 배가 침몰합니다. 인생 자체가 망가지고 말아요. 그러니 긴장을 안 하고 살 수가 없지요. 항상 작은 조짐에 주의를 기울이며 대비하며 살아야 합니다. 겸손해야 하는 건 당연하고요. 우리 여행처럼 이런 에피소드로 인해 여정이 확 바뀌기도 하는 게 인생입니다. 우연과 노력의 이중주가 운명인 거지요. 이제 좀 쉬어요. 내 느낌에 힘든 건 다 끝난 것 같으니."

선생은 그렇게 말한 뒤 좌석 의자를 뒤로 눕히며 눈을 감았다. 그리고 어느새 새근새근 잠이 들었다.

그래, 이런 게 여행이고 인생일지도 모르겠다. 정답이 정해져 있지 않은 것. 바르샤바를 떠나며 생각해보니 그 도시에서는 아무 사진도, 아무 명소도 가보지 못했다. 베를린으로 가는 기차 안에서 스마트폰 사진첩을 뒤져보니 밤에 찍은 바르샤바 문화과학 궁전 사진 한 컷이 전부였다.

하지만 아무렴 어떤가. 내 머릿속에, 내 마음속에 바르샤바는 기묘한 인연으로 자리 잡게 되었으니. 내 주관대로, 내 생각대로 그 도시의 풍경을 담으면 된다. 인생 역시 마찬가지. 떠밀려가지 않고 내가 해석하는 대로 살아가면 되지 않겠는가. 우연이 몰아칠 때 노력과 용기로 맞서면 되지 않겠는가.

바르샤바는 내게 인생의 한 고비 같은 도시였다.

항로가 뒤바뀌는 것 같은, 그런.

고통과 결핍

진짜 사람의 마음을 어루만지는 손은 '거친 손'이다.

바르샤바의 소동을 겪고 행선지를 바꿔 베를린에 도착했다. 호텔 침대에 던지듯이 몸을 누인 선생이 피곤했던 듯 몇 시간 깊은 잠에 빠져들었다. 아무리 요새 환갑이 예전 같지는 않다고 해도 많이 피곤했으리라. 그런 생각을 하다 나 역시 까무룩 잠이 들었는데, 선생이 깨운다.

"밥은 먹고 자야죠."

언제부터인가 선생이 내 밥을 계속 챙긴다. 여행의 중반을 넘어서면서부터다.

포스퀘어에서 밥 먹을 식당을 찾고 우버 택시를 불러 탔다.

"여행 시작했을 때는 안 이러셨는데. 뒤로 갈수록 왜 이렇게 저를 잘챙겨주세요?"

런던에서였으면 저녁은 건너뛰었을 거다, 분명히.

"당연한 거죠. 여행도 인생이나 마찬가지니까. 초년에 고생해서 말년에 행복하고 싶은 게 인지상정이잖아요. 여행도 그래야지. 뒤로 갈수록 편안하고 '해피'하게. 안 그래요?"

농을 주고받으며 나와 티격태격할 때는 어린애 같다가 박 선생이 종종 이렇게 '모드 전환'을 한다. 갑자기 10여 년 전, 박 선생은 자신의 힘겨웠던 어린 시절을 이야기하다가 마지막으로 이렇게 말했던 게 기억이 났다.

"고통 때문에 삶을 자기 손으로 마감하는 사람들에게 이런 말을 들려주고 싶어요. 정말 견딜 수 없는 고통을 견디고 있다면 새벽이 오기 전 가장 어두운 것처럼 이제 곧 새벽이 올 거라고요. 난 '고통의 저축 통장'이 있다고 생각해요. 자신이 겪은 고통을 차곡차곡 쌓으면 그게 나중에 내가 누릴 행복이 되는 거라고요. 하지만 고통의 저축 통장이 비어 있으면 무엇도 쉽게 이룰 수 없지요. 지금 고통의 저축 통장을 채우고 있다 생각하고 힘을 냈으면 합니다."

난 지금껏 죽고 싶다고 생각할 만큼 힘들어본 적은 없다. 그래서 함부로 고통에 대해, 결핍에 대해 이야기할 수는 없다. 하나 박 선생의 그 얘기를 듣고 난 이후로 삶의 힘듦과 고난에 대한 태도가 조금 바뀌었다. 조금 벅차다 싶을 때면 혼잣말처럼 '나는 지금 고통의 저축 통장을 채우고 있다'고 생각했다. 그러면 훨씬 나아졌다.

실제 사람들이 원하는 것 중에 '고통' 없이 얻어지는 것은 드물다. 고통 없이 얻어지는 것은 내 것이 아니다. 누군가가 준 것이거나 부정하게 얻은 것이다. 누군가가 준 것은 그 누군가가 빼앗을 수 있다. 이건 겪어봐서 안다. 또 부정하게 얻은 것은 내게서 몇 배 더 큰 것을 빼앗아 갈 수 있다. 단 한순간에 평생에 걸쳐 일군 부와 명예가 그런 부정한 축재로 인해 연기처럼 흩어지기도 한다.

'몸짱'이 되고 싶어서 운동해본 사람들은 한결같이 이야기한다. 몸은 정직하다고. 운동을 하면 딱 한 만큼 근육이 만들어진다고 말이다. 특히 우리가 원하는 근육은 고통을 먹고 자란다. 근육을 만드는 운동의 원리라는 게, 임계치까지 운동을 하고 나서 그 임계치를 넘으려 안간힘을 쓸 때, 근육에 미세한 파열이 생기고 그 파열이 아물면서 근육이 생긴다는 것이니까.

공부는 다를까? 인지심리학자들은 "우리가 공부한 것을 고통스럽게 꺼내보면 꺼내볼수록 기억이 오래간다"고 한다. 틀린 문제의 해설을 보는 것은 그래서 잘못된 공부 방법이다. 왜 이런 답이 나오는지를 끙끙대고 고통스럽게 생각해야 한다. 그렇게 고통스럽게 '인출'한 내용은 결코 잊어버리지 않는다. 학생들이 가장 싫어하는 시험이 가장 기억을 오래가게 하는 공부법이다.

엄마 젖을 먹고 자란 아이가 분유를 먹고 자란 아이보다 머리가 좋은 이유도 상당 부분 고통 때문이다. 엄마 젖은 쉽게 나오지 않는다. 빨고 주무르고 방향을 바꿔가며 빨아야 간신히 먹을 수 있다. 애를 써야 한다. 그렇게 애를 쓰는 과정이 아이가 머리가 좋아지는 시간이라는 얘기다.

한편 결핍은 강력한 동기를 낳는다. 인간의 보편적인 특성이, 결핍이 있어야 욕망하게 된다는 점이다. 이건 너무 당연하다. 《톰 소여의 모험》에서 톰이 자신의 집에 페인트를 칠해야 할 때, 친구들을 상대로 벌인 심리전은 놀랍다. 톰은 친구가 페인트칠을 하게 해달라고 부탁했을 때, 거절했다. 사람은 못하게 하면 더 하고 싶다. 친구들은 톰에게 동전 몇 닢을 주고서 기꺼이 톰네 담장에 페인트칠을 해줬다. 톰은 친구들의 마음속에 결핍을 만들어냈다.

내 나이 또래의 X세대(1990년대 초반에 대학 생활을 했던 1970년대 생들을 X세대라고 불렀다)들은 상당수가 고통과 결핍 없이 자랐다. 극소수를 제외하고는 밥을 굶어본 적이 없는 세대다. 그래서일까. 막연히 고통과 결핍을 두려워하고 불안해한다. 과감히 투자해야 할 때 머뭇거린다. 용감하게 도전해야 할 때 슬그머니 발을 뺀다. 그러면서도 미래에 대한 준비는 치밀하지 않다. "까짓 거 정 할 게 없으면 치킨집이나 하지"라고 말하곤 했다. (치킨집 폐업률이 자영업 중에서 제일 높은 요즘은 그렇게 말하는 이가 줄었지만.) X세대가 생각하는 평범한 삶의 기준은 매우 높다. 반만 년 역사에서 아마 가장 경제적으로 풍요로운 수준의 삶을 살아왔기 때문이다. 아주 작은 고통과 결핍에도 민감하다. 고통과 결핍을 잘 모르기 때문에 불안해한다. 불안은 무지에서 비롯된다.

박 선생은 정반대다. 자신이 겪어봤기 때문에 두려워하지 않는다. 불안해하지도 않는다. 위험이 닥칠 때 오히려 두 눈 뜨고 마주한다. 정확하게 사태를 파악하고 헤쳐 나갈 방도를 찾는다. 리스크도 적극적으로 '헷지'한다. 본인이 겪은 고통과 결핍이 너무도 컸기 때문이다. 다시는 그런 상황이 도래하지 않도록 하고 싶은 것이다. 이건 불안과는 다르다. 막연하지 않다.

"강 국장님도 여행 초반과 비교해보면 많이 편안해지지 않았어요? 기차 노선도 잘 찾고 숙소 예약도 이제 척척 하게 됐잖아요. 여행 정보를 얻기 위해 인포메이션 센터도 잘 찾고, 교통 카드도 잘 사더구먼요. 뭐든 처음에, 에너지와 의욕이 클 때 많이 배워둬야 하는 거예요. 그래야 그 뒤로 잘 풀려요. 이십 대까지가 인생의 기본기를 다지는 시기라면, 여행 초반은 여행의 기본기를 다지는 시간이겠네요."

그러고 보니 맞는 말이다. 무언가를 얻기 위해서는 그에 상응하는 고통의 시간이 필요하다. 무언가를 누리기 위해서 역시 기본기를 다지는 지루한 시간이 필요하다. 스키를 즐기기 위해서 곤돌라를 타고 올라가고 싶은 조바심을 참고, 넘어지는 법, 회전하는 법을 배워야 하는 것처럼.

간혹 누군가는 "난 고통을 겪었지만 아무것도 얻지 못했다"고 말하는 경우를 본다. 거기에 대해서 영어 강사 문단열 선생은 이렇게 이야기했다.

"사람은 자신이 겪은 고통의 깊이만큼 남을 위로할 수 있는 거예요. 그 깊이가 진실된 위로를 만듭니다."

문단열 선생도 영어 강사로는 화려한 성공을 했지만, 그런 화려함 뒤로 사업 실패의 커다란 고통을 꽤 오랜 시간 겪었다. 그런 경험에서 나온 말이다. 고통 받는 사람에게 자신이 겪은 고통을 이야기하면 그 사람이 진심으로 위로받는다고 한다. 그가 겪은 고통이 진실되기 때문이다.

그런 생각을 하고 있을 때, 갑자기 박 선생이 슬그머니 내 손을 잡아서 자신의 무릎 위에 올린다. 징그럽게 왜 이러시나.

"강 국장님 손은 참 뽀얗고 예뻐요. 내 손 한번 봐요. 못생기고 거칠죠? 하지만 강 국장님 손은 악마가 좋아하는 손이죠. 잡아먹기 좋을 손이에요. 나 같은 이런 거친 손이 황금 손인 거예요."

참, 맞는 말씀을 참 모질게도 하신다. 그것도 웃는 낯으로. 선생 덕에 고통의 돼지 저금통에 10원짜리 하나 넣었다 생각하자.

요리하다 베인 자국이 군데군데 있는 선생의 거친 손을 한번 보고, 뽀얀 내 손을 한번 본다. 왠지 손의 흉터가 곧 마음의 흉터인 것 같다는 생각을 했다.

진짜 사람의 마음을 어루만지는 손은 '거친 손'이다.

IV

백조, 안데르센, 코펜하겐

"안데르센 때문이에요."

"선생님, 이제 어디로 갈까요?"

여행의 루트가 바뀌었으니 앞으로 어디로 가야 할지도 막막해졌다. 독일 여러 도시들을 방문해야 하나? 아니면 크로아티아 쪽으로 행로를 바꾸어야 하나? 하지만 선생은 베를린행 기차 안에서 줄곧 "베를린 호텔 가서 생각해봅시다. 뭐가 그리 급해요?"라고 할 뿐이었다. 교통편과 숙박편을 미리미리 준비해놓지 않으면 무슨 난리가 벌어질지 모르는 속칭 '짐꾼' 입장에서는 암담할 뿐이었다. 다행히 베를린 중앙역 근처에는 꽤 괜찮아 보이는 숙소가 역에서 바로 1~2분 거리에 있었기 때문에 걱정을 덜 수 있었다.

"우리 어쨌든 북유럽을 돌아봐야 하지 않을까요? 베를린에서 북유럽 쪽으로 올라가는 방법은 없소?"

선생이 말했다. 아, 그렇지. 북유럽으로 올라가는 길이 반드시 바르 샤바에서 빌뉴스, 리가를 거쳐 탈린에서 헬싱키로 넘어가는 루트만 있는 건 아니었다. 오히려 더 정통한 코스가 있었다. 대부분의 배낭여행 자들은 주로 함부르크에서 덴마크의 코펜하겐 쪽으로 넘어가는 루트를 취하곤 했다. 그러면 되겠다.

"있어요, 선생님. 베를린에서 덴마크 코펜하겐을 거쳐 스톡홀름 쪽으로 넘어가면 될 것 같습니다."

그러자 선생이 말했다.

"스톡홀름으로 가기 전에 덴마크의 코펜하겐이란 곳은 꼭 들렀으면 해요."

긴 여행이었지만, 선생이 꼭 들렀으면 하는 도시는 많지 않았다. '뭔가 있는데?' 내가 이유를 물었지만 선생은 다시 입을 닫았다.

다음 날 베를린 중앙역에서 함부르크를 거쳐 코펜하겐으로 가는 기차표를 예약했다. 밤 동안에 인터넷을 검색해보니 기차가 배 안으로 들어간단다. 그래서 표를 끊을 때 역무원에게 물어봤다.

"인터넷에서 보니까 배를 타야 한다던데. 배 타야 돼?"

"아니, 그냥 기차 타고 가면 돼."

"정말? 배 안 타도 된다고?"

"그렇다니까. 어서 예약료나 줘."

그래서 기다리던 선생에게 돌아와 그 얘기를 전했다. 우리가 타는 기차는 배로 들어가지 않는 것 같다, 우리가 탈 기차는 이체(ICE)다, 이체 같은 고속열차가 배에 들어가겠냐, 아마 다리를 놓았을 거다, 부산 광안대교 같은 것 놓았을 거다, 그냥 편안히 가면 될 것 같다, 이렇게 얘기했다.

선생은 그럴 리가 없을 거다, 내가 25년 전에도 배낭여행을 했다, 그때 한참 자고 일어나보니 승객은 아무도 없고 창밖으로 쇳덩어리로 된 벽만 보였다, 배에 들어간 거였다, 엄청 놀랍기도 하고 신기하기도 했다, 이번에도 아마 그럴 거다, 그렇게 대답했다.

나는 다시, 나도 블로그를 봐서 안다, 하지만 역무원에게 물어보니까 배는 안 탄다더라, 25년 전이면 강산이 두 번 반 바뀔 만큼 긴 세월이 흘렀다, 그사이에 다리 하나 안 놓았겠냐, 그렇게 얘기했다. 결국 선생은 내 설명에 설득됐다. 우리 기차는 다리를 통해 더 빠르게 코펜하겐에 닿을 거라 굳게 믿게 됐다.

그러나 함부르크에서 바꿔 탄 기차는 '푸트가르덴'이라는 역에서 거대한 배 안으로 들어갔다. 선생과 이런저런 이야기를 나누다가 문득 창밖을 바라봤는데 세상에, 진짜 배가 기차 안으로, 아니 기차가 배 안으로 들어왔다. 선생이 씩 웃더니 말했다.

"서울 안 가 본 사람이 서울 가 본 사람 이긴다더만, 이번이 딱 그 짝이네요. 배 안 탄다면서? 다리 건너 기차가 달린다고 안 했소?"

"그게… 아까 그 역무원이… 그렇게 말해서요…. 하, 진짜 기차가 배 안에 들어오네요."

"자, 갑판 위로 가봅시다."

가파른 철계단을 올라 갑판으로 나가는 문을 열자 파란 하늘이 펼쳐졌다. 나도 모르게 입이 떡 벌어졌다. 이게 말이 되나? 이 사람들은 어떻게 기차를 배에 넣을 생각을 한 거야? 상상의 나래를 펴본다. 어느 날 독일 사람 중 하나가 그랬을 것 같다. '난 기차가 너무 좋아. 기차를 타고 저 바다 건너 덴마크 땅에 갈 수 있는 방법은 없을까? 아, 그래. 기차를 배에 넣으면 되겠다.' 그래서 그 사람은 자신과 절친한 사업가를 찾아간다. "기차를 배에 넣으면 사업이 될 것 같지 않아? 그럼 스웨덴과 노르웨이까지 다 기차로 연결되잖아." 그 사업가는 돈이 될 것 같은 생각에 엔지니어를 찾아간다. "어떻게 방법이 없겠나?" 엔지니어는 곰곰이 생각하다가 배에 레일을 깔고 기차를 넣으면 된다는 생각을 떠올린다. 그런 과정을 거쳐 만들어진 것은 아니었을까. 인간의 상상은 무섭다. 일단 머릿속에 떠오른 것은 어떻게든 실현시키고 마니까 말이다. 문제는 꿈을 꿀 수 있느냐고 그 꿈을 포기하지 않고 밀고 나갈 수 있느냐다.

기차를 태운 배가 항구를 떠나 바다로 나섰다. 45분 정도 배로 달린다고 했다. 바닷바람은 시원했고 바다는 드넓은데, 햇살도 좋아 바다 표면이 금빛으로 부서졌다. 맑은 공기 아래 맛있게 담배를 하나 피워

문 선생이 말했다.

"강 국장님, 안데르센 때문이에요."

"안데르센이요?"

갑자기 왜 뜬금없이 안데르센인가. 내가 어리둥절해하자 선생이 말을 이었다.

"안데르센이 쓴 동화 중에 《미운 오리 새끼》라고 있잖아요. 그 이야기를 내가 어디선가 읽었어요. 아주 자세한 것도 아냐. 그냥 줄거리만 읽은 걸 거예요. 그런데 그 이야기가 너무 좋은 거야. 마치 내 이야기를 써놓은 것 아닌가 싶을 만큼 나랑 비슷했어요. 그 미운 오리새끼가."

안데르센이 쓴 동화 《미운 오리 새끼》 이야기다. 유난히 큰 알에서 태어난 새끼 오리 한 마리. 다른 오리들은 그 새끼 오리를 괴롭히고 따돌린다. 다르게 생겼다고. 엄마 오리가 처음에는 보듬어주지만, 결국 엄마 오리마저 그 미운 오리 새끼가 사라져버렸으면 좋겠다고 한다. 결국 집을 나온 미운 오리 새끼는 여기저기 떠돌며 고양이나 닭의 괴롭힘을 피해 이리저리 도망쳐야 했다. 그렇게 세월은 흘렀고 어느 날 우연히 호수 물에 비친 자기 모습을 보게 된다. 거기에는 다른 오리들과 달리 덩치 크고 못생긴 오리가 있는 것이 아니라 아름다운 백조가 있었다. 자신은 못난 것이 아니고 다른 것이었다. 그렇게 백조가 된 미운 오리 새끼는 자유롭게 하늘로 날아오르고 행복하게 살아가게 된다.

《미운 오리 새끼》의 줄거리를 떠올려보자, 정말 선생의 삶과 딱 들어

맞는 이야기라는 생각이 들었다. 마치 선생을 보고 안데르센이 썼다고 해도 믿을 수 있을 만큼. 나는 10년 전 선생과 《주식 투자 교과서》라는 책을 만들 때, 당신의 인생을 잠시 들은 적이 있다. 이번에도 같이 다니면서 틈틈이 얘기를 들었다. "차라리 입양을 시켜주었다면"이라고 말할 만큼 그의 유년 시절은 불행했다.

"사람 바보 만드는 거 쉬워요. 자기 자식 같았으면 똑똑했다고 했을 거야. 근데 내가 조금만 무언가에서 두각을 나타내면 곧바로 기를 죽여요. '하, 고놈 되바라져 가지고.' 그렇게 말하거든. 그래서 또 야단 안 맞으려고 멍하니 있으면 '그 자식, 참 멍청하네' 해요. 아주 미치고 팔짝 뛰었지."

어릴 적 맡겨진 친척집에서의 삶은 악몽이었다고 했다. 어릴 때부터 학대받던 선생은 결국 15세 때 빈 주머니 혈혈단신으로 집을 나왔다. 부산으로 가서 일식집 주방 보조가 됐다. 그렇다고 고생이 끝난 것은 아니었다. 맘고생, 괄시 받는 설움 대신 수시로 밥을 굶어야 했고, 늘 의심의 눈초리로 바라보는 주변 사람들을 견뎌내야만 했다.

"당시 내가 일하던 일식집 주인이 전화기 앞에다가 큼지막한 돼지 저금통 하나를 갖다 놨었어요. 손님들이 잔돈 남으면 집어넣게 하려고 말이지. 근데 어느 날 누군가가 그걸 들고 가버렸어. 주인이 잠깐 어디 갔다 온 사이에 돼지 저금통이 없어진 거야. 서럽더라고요. 내가 의지가지없고 가난하고 하니까 모두 나를 의심했던 거지요. 아무리 내가 홈친 게 아니라고 해도 막무가내였어요. 빨리 내놓으래. 내 소지품을 다 뒤지고 나서도 의심을 풀지 않았어요. 그거 안 겪어보면 몰라. 서럽지. 많이 서러웠어요."

그래서 선생은 죽기 살기로 일했고 밤잠을 줄여가며 요리를 배워 결국 당시 최고의 식당이라 할 수 있는 조선 호텔의 요리사가 됐다. 그 뒤로도 멈추지 않았다. 남들이 부러워하는 직장에 안주하지 않았다. 선배들을 보면 끝이 좋지 않은 게 보였다. 아주 성실히 일한 사람은 자그마한 자기 식당을 차렸다. 하지만 꽤 많은 선배들은 한창 벌이가 좋을 때 술과 여자, 도박에 빠져 인생을 그르치고 말았다. 그렇게 살 수는 없었다고 했다. 그렇게 살려고 그토록 악착같이 살아남은 건 아니라는 생각이 들었단다. 어느 날 선생에게 남아 있는 날을 계산해보니 답은 자기 사업을 하는 거라는 결론이 났다. 그렇게 선생은 부산에서 가장 큰 일식집으로 꼽히는 '대어'를 경영하게 되었다. 그리고 그 경험을 바탕으로 또다시 변신해 수백 억을 벌어들이는 '슈퍼개미' 주식 투자자가 되었다.

선생 본인이 자신을 가리켜 백조라고는 하지 않았지만, 내가 보기엔 백조 중의 백조가 된 것이었다. 그러니 《미운 오리 새끼》가 시기별로 다른 느낌이었을 것 같다. 아무것도 없을 때는 막연한 희망이었고, 요리사로 조금씩 경력을 쌓아갈 때와 '대어'로 성공했을 때는 점점 백조가 되어가는 자신의 거울 같지 않았을까. 그리고 지금은 안데르센이 마치 당신을 소재로 동화를 쓴 것 같다고 느끼는 것이리라. 아, 물론 선생의 외모는 백조와 거리가 멀다. 아~주 멀다.

"그래서 그냥 가보고 싶었어요. 뭐 대단하게 생가를 찾아갈 것도 없고, 여기저기 서 있는 동상에서 사진을 찍을 것도 아니고, 그냥 안데르센이 맡았던 공기를 나도 한번 맡아보는 거지. 강 국장님도 글 쓰는 사람이니 겸사겸사. 어때요?"

당연히 좋다. 왠지 선생과 함께《미운 오리 새끼》의 나라 덴마크에 가면, 어정쩡한 오리 새끼인 나도 화려한 백조가 되어 날아오를 것 같으니까.

어느새 45분이라는 시간이 흘러 배가 항구로 흘러들었다. 여기서부터는 덴마크다. 안데르센과 선생의 염원과 열망이 내 인생 속으로 흘러들었으면 좋겠다.

공부

"그럼 어떻게 공부시켜야 합니까?"

"난 이렇게 비 내리는 날이 좋아요. 빗소리 들으면서 이런저런 생각
도 하고."

에스토니아 탈린의 호텔 창가에서 비 오는 거리를 내다보며 선생이
말했다. 내가 다짜고짜 물었다.

"선생님, 선생님은 어떻게 공부하셨어요?"

선생이 나를 기가 차다는 듯 넘겨다보더니 픽 웃는다.

"주식 투자하는 방법이나 각종 세금과 회계, 부동산 관련 지식, 호텔
의 구조, 식물의 이름, 가구의 종류…. 이번 여행하면서 보니 엄청나던
데요. 그걸 다 어떻게…."

"강 국장님은 좋은 대학을 나왔고, 나는 학력이 별 볼 일 없는데, 신

기하다, 그거죠?"

"아, 아뇨. 그런 뜻이 아니라…."

선생이 다시 창밖을 묵묵히 바라보다 로비로 내려가서 커피 한잔하자고 했다. 비가 오는데 밖은 너무 추웠다. 따뜻한 커피를 한 잔씩 앞에 놓자 선생이 입을 열었다.

"강 국장님, 죽은 공부를 해서는 곤란해요."

"네?"

"그냥 무작정 책에 있는 지식을 머릿속으로 집어넣는 공부는 죽은 공부입니다. 아무 짝에도 쓸모없는 시간 낭비인 거죠."

"…."

선생의 이야기가 이어졌다. 당신이 보기에 대한민국의 교육은 매우 기형적이라고 했다. 아이들이 죽기 살기로 공부를 하는데, 막상 세상에 나오면 직장에서는 쓸모가 없다는 거다. 왜 공부를 해야 하는지 동기가 전혀 부여되지 않은 공부를 하기 때문이라고 했다.

"정말 공부가 좋아서, 세상에 유익한 결과물을 남기기 위해서 공부하는 것은 제대로 된 공부입니다. 하지만 그렇지 않잖아요. 결국은 교수가 되어 편하게 살고 싶어 대학원 공부하는 거고, 좋은 직장, 멋진 차 타고 다니고 싶어서 좋은 대학 가려고 공부하는 게 거의 전부잖아요. 내가 보니 뭐 대단한 교양을 갖춘 것도 아니고, 그냥 간판만 이마에 걸고 다니던데요. 그런 공부를 위해서 대한민국의 대다수 가정은 돈을 내다버리다시피 하지요. 그래서 결과가 어떻던가요?"

교육 문제는 꽤 오랫동안 고민해본 적이 있다. 그래서 적어도 지금의 대한민국 교육이 잘못 돌아간다는 건 안다. 각 가정의 사교육비는 생계를 위협하고 노후를 망가뜨리는 수준에 이르고 있다. 그럼에도 부모들은 다른 인생 행로를 모르기에 울며 겨자 먹기로 '아이 좋은 대학 보내기'에 모든 것을 건다. 그렇게 하면 성공할 확률이라도 높아야 하지만, 고등학교, 대학교를 진학하면서 입시에서 낙오하고 대학을 졸업한 다음 취업에서 낙오한다. 100명 중 한 명 정도가 살아남는 수준이다. 치킨런 게임.

대화 중에 무언가 서로 기억하고 있는 지식이 다른 경우, 우리는 흔히 농담처럼 이렇게 얘기하곤 한다. "대한민국 최고의 지식인에게 물어봐." 네이버 지식인을 두고 하는 얘기다. 그 농담 속에는 우리 교육에 대한 서늘한 풍자가 묻어 있다. 한 가정의 현재와 미래를 담보로 아무리 열심히 교육을 시켜도 네이버 지식인 하나를 못 당한다는 뜻이니까. 마틴 포드의 《로봇의 부상》을 보면, 앞으로 반복적이고 예측 가능한 일은 거의 모두 인공지능이 탑재된 자동화 로봇이 대체하게 될 것이라 한다. 그것도 머지않은 미래에. 이런 마당에 초등학교부터 고등학교까지 12년을 암기식 교육, 문제 풀이식 교육에 바쳐야 하는 걸까.

그걸 막겠다며 내놓는 대안이 수능 절대평가라고 하지만, 그 역시도 자세히 보면 대안이 되기는 어렵다. 수능 대신 내신이 중요한 대학 입시의 변별 요인이 되는 까닭인데, 내신이야말로 달달달 암기식 학습의 최고봉이기 때문이다. 작은 시험 범위 내에서 학생들의 실력을 변별하기 위해서 학교의 선생님들은 어쩔 수 없이 '아무짝에도 쓸모없을 수 있는' 지식을 외워야만 풀 수 있게 문제를 내기 때문이다. 해법은 어디에 있을까.

선생은 살아 있는 공부를 하라고 했다. 진짜 공부는 몸으로 하는 공부, 몸에 새기는 공부라고 했다.

"오늘 기사 봤지요? 이제 해운업과 조선업 쪽에서 구조조정이 이뤄진다고 합니다. 수많은 사람들이 일자리를 잃게 될지도 몰라요. 지금 조선학과 같은 곳을 나오면 취직이 되겠어요? 세상은 엄청나게 빠르게 바뀝니다. 부모들이 옛날 생각으로 아이들을 교육시키면 아이도 망가지고 가정도 망가지는 거지요. 교과서에 쓰여 있는 지식을 암기하는 공부를 시켜서 그래요. 그게 아니라 몸으로 부딪쳐보고 필요를 느끼고 문제를 해결하기 위해서 공부해 들어가는 훈련을 시켜야 하는 거죠. 그러면 아이가 강해지는 거예요."

선생은 아이에게 공부만 시키고 그밖의 모든 것을 부모가 다 해주는 것을 아주 신랄하게 비판했다. 그건 사랑이 아니라 아이에게 독이 된다고 말이다.

"그럼 어떻게 공부시켜야 합니까?"

내가 어리석은 질문을 하자 선생의 현명한 답이 돌아왔다.

"지금 내가 강 국장님에게 가르치는 방법으로 공부를 시켜야죠. 강 국장님이 이번에 여행을 하면서 얼마나 많은 문제에 부딪치고 있나요? 도시를 이동할 때마다 더듬더듬 열차표를 끊고 숙소를 찾아야 하죠. 낯선 관광지나 식당에 가기 위해 구글의 네비게이션을 다뤄야 하고요. 처음에 보니 잘 못하대요. 그러다가 점점 나아진 거죠. 그게 배우는 거예요. 이번에 우버도 타봤잖아요? 그러면서 내가 보고 느끼는 것을 강 국장님에게 들려주고 있고요. 강 국장님은 자신도 모르는 사이에 여행을 떠나기 전보다 많이 다른 사람이 되어 있는 거죠."

그건 그랬다. 이번 여행에서 가장 큰 수확이 있다면 내가 직접 낯선 곳에서 A부터 Z까지 다해야 한다는 것과 선생으로부터 세상에 대해 듣는 것이었다. 한마디로 '공부'였다.

그리고 드넓은 세상의 풍경을 마음에 담아가는 것은 그저 덤일 뿐이었다.

공부는 이렇게 하는 것일 게다.

아이에게 진짜 공부를 하게 하려면, 부모의 심장이 더 튼튼해져야 하는 것은 아닐까.

증기기관차

아버지는 품보다 등이 따뜻한 것 같다.

탈린에서 우리가 묵는 숙소에서 한식당으로 가는 길에 옛 기차역이 하나 있다. 그곳에는 옛날 운행되었던 증기기관차가 덩그러니 놓여 있다. 선생이 그 기차 앞에 섰다.

"강 국장님, 여기서 내 사진 하나 찍어주세요."

조금 놀랐다. 여행을 다니면서 단 한 번도 먼저 사진을 찍자고 얘기한 적이 없었기 때문이다. 뭔가 빈티지스러운 풍경을 배경으로 기념사진을 남기고 싶으신 건가 하고 생각했다.

탈린의 고풍스런 구 시가지를 거닐다가 선생은 엔틱 제품을 파는 집이나 고풍스러운 장식이 눈에 띌 때마다 걸음을 멈추고 한동안 바라보곤 했다. 나는 선생의 취향이겠거니 했다.

그러다 한번 선생이 그 속내를 내게 열어 보였다.

"내가 왜 이런 빈티지 제품들이나 건물들을 열심히 들여다보는지 압니까?"

듣고 보니 자식 때문이었다. 선생의 둘째 아들은 빈티지 사업을 한다. 그런 자식의 눈높이와 스스로의 눈높이를 맞추기 위해서 되도록 많은 빈티지 제품과 엔틱 가구와 오래된 건물들을 눈에 담고 싶었다는 게 선생의 고백이었다.

"자식 사업에 도움이 될지는 모르겠어요. 하지만 자식에게 말이 통하지 않는 낡은 폐물처럼 취급되고 싶지 않아요. 오랜 세월 시간으로 매만져져서 은은한 광택을 내뿜는 이 오래된 호텔의 대리석 바닥처럼 되고 싶은 거예요."

그렇게 말하는 선생의 눈은 마치 황소의 눈처럼 순수하고 순박해 보였다. 여행을 시작한 영국 런던부터 한 달여 동안 유럽 대륙을 돌고 돌아 에스토니아의 탈린까지, 선생은 도착한 도시마다 빈티지 가게가 나오면 단 한 번도 놓치지 않고 유심히 들여다보고 사진을 찍곤 했다.

"아까 오래된 역의 증기기관차 봤지요? 나는 아까 그 증기기관차를 보며 저게 나다 싶었어요. 이제 내 시대는 저물어갑니다. 아무리 발버둥 쳐도 그런 시간의 흐름을 거스를 수는 없지요. 그래서 내게 남겨진 아쉬움을 자식에게 기대해봅니다. 그리고 그런 자식 옆에서 은은한 빈티지처럼 저물어가고 싶은 거예요. 유럽의 건축이 그렇더군요. 전통적인 건물을 모던하게 리모델링해서 독특한 아름다움을 만들어냈더군요. 나는 자식에게 그런 전통이 되고 싶어요."

함께 탈린의 구 시가지를 산책하며 이런저런 가게들을 아주 유심히, 세심하게 살피는 선생의 등이 따스하게 느껴졌다.

그 등에서 잠시 나의 아버지를 느꼈다. 엄하고 까다롭지만 늘 내가 만드는 책, 내가 쓰는 원고 하나하나를 궁금해하셨던 나의 아버지. 돌아가시고 난 다음에 알았다. 마주 보며 살갑게 칭찬할 줄 몰랐던 아버지가, 당신의 친구들을 만나면 늘 자식을 자랑스러워하고 애틋해하셨다는 것을.

당신도 멋진 빈티지 증기기관차처럼 지금 내 옆에 있어주셨다면.

많이 그리웠다. 어린 시절로 돌아가 아버지 등에 업히고 싶다.

아버지는 품보다 등이 따뜻한 것 같다.

탈린의 사랑

"젠틀맨, 당신은 좋은 보스를 뒀소."

"우리 오늘 저녁은 여기서 먹읍시다."

선생은 호텔 안의 레스토랑에서 특별한 디너파티를 한다는 얘기를 전해 듣고는 곧바로 저녁 메뉴를 결정해버렸다. 여섯 가지의 코스 요리와 일곱 잔의 와인이 곁들여지는 정찬 코스였다. 지금껏 스톡홀름에서 탈린으로 오는 페리의 뷔페 식당을 빼고는 여행 중에 그런 고급 요리를 먹어본 적이 없었다. 런던에서는 저녁을 굶기도 했고 스페인에서는 물과 바게트 빵만 먹기도 했다. 스톡홀름에서는 맥도날드에 갔다. 그래서 난 내가 잘못 들은 줄 알았다. 선생이 그런 내 눈빛을 읽었다.

"강 국장님에게 이런 경험도 필요할 것 같아서요. 그 대신 각오는 좀 해야 할 거요."

'맛난 요리를 먹는 데 각오는 무슨 각오? 별 걱정을 다하셔. 맘만 바뀌지 마시길.' 그렇게 생각하고 저녁 7시, 식사가 시작되기만을 눈이 빠지게 기다렸다.

마침내 식사가 시작됐다. 자리에 앉아보니 포크와 나이프가 다섯 세트, 와인 잔처럼 생긴 유리잔이 여러 개 놓여 있었다. 나도 모르게 허리를 곧추세웠다. 뭔가 모를 긴장감이 감돌았다.

"처음부터 그리 긴장하면 오늘 저녁 식사가 무척 고될 거예요."

선생이 그렇게 조언했다. 아까는 각오를 하라더니 이번에는 저녁 식사가 고되다고? 무슨 뜻인가 몰라서 고개를 갸웃거렸는데 곧 알게 됐다. 7시에 시작한 저녁 식사의 메뉴는 거의 30분 단위로 나왔다. 식전주를 마시고 나서 에피타이저가 나올 때까지 한 30분, 그리고 와인을 한 잔 따라주고 첫 번째 코스 요리가 나올 때까지 30분, 그렇게 너무나 여유롭게 식사가 진행되었던 것이다. 한국에서 같으면 1시간이면 끝날 저녁 식사가 2시간이 훌쩍 넘어 9시가 지나가고 있었다. 하지만 아직 정해진 코스의 절반도 요리가 나오지 않았다. 성질 느긋한 나로서도 견디기 힘들 정도의 느리디 느린 식사였다.

"젠틀맨?"

정지된 것처럼 흘러가는 시간 속에서 몸이 뒤틀릴 지경이 되었을 때, 바로 옆자리의 신사가 내 어깨에 손을 얹으며 말을 걸었다. 어디서 왔냐고 물어서 "코리아"라고 했다. 자신은 배를 만드는 분야의 엔지니어라고 소개했다. 한국의 회사인 STX와 함께 일한 적이 있단다. 지금은 핀란드 북쪽의 '께스띨라'라는 곳에서 호텔을 경영하는 전문 경영인이란다. 56세. 맞은편에는 그의 부인이 있었다. 결혼한 지 30주년이됐다고 했다. 그렇게 우리는 대화를 시작했다.

여행을 시작하고부터 내 짧은 영어 실력이 줄곧 원망스러웠지만, 이날만큼 원망스러운 적은 없었다. 선생은 신이 나서 당신이 키우는 강아지를 보여주며 "얘 이름이 뽀식이다, 내가 제일 사랑하는 녀석인데잘 삐친다. 삐치면 내 옆에 와서 입을 쑥 내밀고 끙끙거리는 게 여간 귀엽지 않다. 난 이 녀석 없으면 서운할 것 같다"는 말을 기관총처럼 하더니 내게 통역을 부탁했다. 그러는 사이 옆자리의 신사는 내게 우리에게 궁금한 것들을 질문했다. "회사의 상사와 부하 사이냐, 아니면 부자지간이냐?" 이런 질문부터 "그동안 어디를 돌아다녔냐, 어느 도시가 가장 인상적이었냐, 핀란드는 안 갈 거냐? 만약 갈 거면 '께스띨라'에 있는 자신의 호텔에 와라" 등등의 얘기들을 속사포처럼 물어왔다.

중학교 수준의 회화 실력을 가진 내게 동시 통역사 수준의 통역을요구하고 있는 상황이었다. 버벅거리며 그런 대화들을 영역, 한역하려니 머릿속의 퓨즈가 다 타버리는 듯했다. 그러나 선생도, 옆자리의 신사도, 그의 부인도 그런 상황을 재미있어 했다. 더듬거리며 단어 몇 개로 설명하는 내 통역을 무척 인내심 있게 들어주었다.

"당신 보스의 취미가 뭔지 물어봐주시오, 젠틀맨."

옆자리의 신사는 다정하게 나를 젠틀맨이라 불렀다. 선생이 골프라고 답했다.

"골프는 취미가 아니오. 그건 비즈니스지. 모든 보스가 대부분 골프를 치곤 하지 않소. 마음을 릴렉스하게 해주는 진짜 취미가 알고 싶소, 젠틀맨."

선생은 정원을 가꾸고, 가족과 함께 음악을 즐기고, 강아지 뽀식이와 함께 노는 것이라 답했다.

"그래요. 그게 진짜 취미지요. 나도 정원을 가꾸는 것을 좋아한다오."

디저트로 예쁜 케이크와 작은 아이스크림이 나왔다. 입안에서 눈처럼 녹아 들어가는 달콤한 디저트를 먹다가 옆자리를 보니 56세의 부부가 마치 어린아이처럼 서로 발장난을 하고 있었다. 서로의 발등을 살짝 밟으며 티격태격하는 모습을 보고 나와 선생이 미소 짓자 핀란드의 신사가 웃으며 말했다.

"그녀가 나를 자꾸 걸어차요. 난 1년에 일 때문에 200일 정도를 집에 들어가지 못하는데, 그게 잘못된 거라면서요. 그래서 지금 내가 그녀의 발을 밟아 못 차게 말리고 있는 거예요. 당신 보스에게 전해요. 당신도 집에 돌아가면 당신의 아내가 당신을 걸어찰 거라고. 두 달이나 집을 비웠으니까요. 각오하라고요."

모두가 웃음을 터뜨렸다. 그렇게 우리는 서로의 맘을 열고 그 길고 긴 저녁 식사 시간 동안 친구가 됐다.

선생은 핀란드의 신사에게 한국에 오면 꼭 집으로 초대하고 싶다고 말하며 당신의 전화번호를 건넸고, 핀란드의 신사는 '께스떨라'에 오면 꼭 자신의 호텔로 찾아오라고 답했다. 헤어질 때 핀란드의 신사가 내게 말했다.

"젠틀맨, 당신은 좋은 보스를 뒀소."

저녁 식사가 끝나고 일어설 때 보니 부인이 몸을 잘 가누지 못했다. 몹시 여위었고 걸음걸이가 불편해 보였다. 핀란드의 신사는 그런 부인이 천천히 일어날 수 있도록 부축해주더니 나갈 때는 손을 꼭 붙잡고 레스토랑을 나섰다. 아름다웠다. 선생은 그런 부부의 뒷모습에서 눈을 떼지 못했다.

"강 국장님, 저게 사랑 아닐까요. 저 모습 때문에 탈린은 사랑으로 기억될 것 같아요."

작고 아름다운 탈린. 그래, 탈린은 사랑이다.

기도

"하나님이 좋은 선생을 붙여
배우고 경험할 기회를 주신 것 같아."

유럽의 여러 도시를 다니다 보면 여러 성당을 방문하게 된다. 노트르담 대성당, 웨스트민스터 사원, 사그라다 파밀리아 성당, 밀라노의 두오모 등.

선생과 몇 번 성당 안을 들여다본 적이 있다. 선생은 무심한 듯 성당 안을 거닐었지만, 때때로 촛불이 가득 켜진 곳에서 발길을 멈추고 무언가 기도를 올리곤 했다. 내가 무엇을 빌었냐고 물어도 대답해주지 않았다. 그냥 멋쩍은 미소만 지을 뿐이었다.

탈린에서도 그랬다. 작은 성당에 들어가 한 5분 있었을까, 선생은 잠시 눈을 감고 무언가를 빌었다. 나는 그 모습을 물끄러미 바라보고 있었는데, 그러다 눈이 마주쳤다.

"이상하지요. 비행기 타는 것을 그렇게 싫어했던 내가 유럽에 가야겠다고 갑자기 나서게 된 것도 그렇고, 또 여러 도시들을 방문할 때마다 자주 성당을 방문하게 되는 것도 그렇고 말예요. 나는 그게 자꾸 신이 나를 유럽으로 부른 것이 아닐까 생각했어요."

선생에게서 '신'이라는 이야기를 듣게 될 줄은 몰랐다. 그는 늘 자신만만했고 강렬했으며 열정에 넘쳤다. 내 눈에 비친 그는 어떤 고난이 닥쳐와도 뚫고 헤쳐 나가는 인간 의지의 화신 같아 보였다. 그런 그가 '포르투나', 즉 운명에 대해 이야기하고 있는 거다.

"난 그동안 어려운 고통 속에서 어둠에 빠지지 않고 올바르게 일어섰지요. 나와 비슷한 처지에 있던 친구들이 얼마나 비뚤어지고 인생을 망가뜨렸는지 잘 알고 있거든. 그렇게 되는 게 어쩌면 당연했겠지만 나는 죽기 살기로 그 늪 같은 진창을 벗어날 수 있었어요. 그 누구에게도 부끄럽지 않게 인생을 열정적으로, 최선을 다해 살았다고 자부할 수 있는 거지요."

선생은 다시 황소 같은 순박한 눈을 하고 있었다. 그런 그가 덤덤하게 지나온 삶을 되짚는 듯 먼 곳을 응시하는 눈으로 말을 이었다.

"내 나름대로 부를 일구고 나서는 어렵고 힘든 사람들을 돕기 위해 애써왔어요. 힘든 처지에 놓인 사람들을 보면 마치 어릴 적 내 모습을 보는 듯한 마음이 들었지요. 그래서 정말 열심히 도와주기도 했어요.

사람을 살리기도 했고 경제적으로 벼랑에 선 이를 구해준 적도 여러 번입니다. 난 그 어떤 종류의 종교 교리도 배운 적이 없어요. 하지만 신이 나를 항상 지켜보고 있다는 마음으로 평생 살아왔지요. 내 마음속에는 언제나 신이 있었던 거예요. 그리고 이제 나이 예순이 되었지요. 그런 나를 보고 기독교의 신이, 하나님이, 나를 당신의 본향이라 할 유럽으로 초대한 것이 아닐까, 그런 생각이 자꾸 드는 거예요. 이상하지요. 눈 돌리면 보이는 신심 가득한 성당들을 보면 더더욱 그랬던 것 같아요."

나는 그 말에 소름이 돋는 듯했다. 내 아내, 내 어머니 모두 박 선생과 여행을 떠난다고 했을 때 입을 모아 한 말이 있었다.

"하나님이 좋은 선생님을 붙여 배우고 경험할 기회를 주신 것 같아."

그랬는데 선생이 당신 입으로 그런 신의 섭리를 이야기하고 있지 않은가. 인간이란 얼마나 묘한 섭리 속에서 살아가고 있는지. 그리고 얼마나 그 섭리에 비하면 작은 것인지.

"그래서 기도했어요. 지금껏 내가 당신의 뜻에 따라 잘 살아서 당신이 나를 이곳에 불렀으니, 내 남은 삶을 잘 거두어달라고 말이죠. 인간은 저 거대한 바다, 그리고 그 바다를 포함한 지구, 지구를 감싸고 있는 우주에 비하면 얼마나 작고 보잘것없는지 나는 항상 생각하며 살았어요. 그 섭리에 거스르지 않기 위해 늘 자중하고 조심했으니까. 신은 나의 마음과 나의 몸가짐을 잘 아실 겁니다. 그래서 그 신께 불러주셔서 감사하다, 참 잘 보고 간다, 부디 내가 당신 뜻에 맞게 잘 살았다면 내 가족, 내 아내, 그리고 나와 함께한 여행자까지 모두 축복해달라고 기도했어요."

"인생은 최선을 다해 살되 포르투나(운명)에 순응해야 한다."

마키아벨리는 그렇게 이야기했다. 르네상스 시절, 전 이탈리아를 휘저을 것 같은 카스트루초 카스트라카니 같은 맹장도 한갓 감기에 명을 달리했다. 그러나 다른 한편으로 그런 포르투나의 장난이 무서워 최선을 다해 살지 않으면 누추하면서도 길고 긴 무의미의 나날이 닥쳐오는 게 인생일지도 모른다.

때와 기회는 온전히 신의 영역이다.

인간의 영역은 그때와 기회가 왔을 때를 위해 하루하루를 충실하게 살아가는 것일 뿐.

'카르페 디엠'은 그런 뜻이 아닐까.

인생이 단 하나뿐이라는 '욜로' 역시 마찬가지다.

나도 잠시 고개를 숙이고 빌어본다.

하루하루 최선을 다해 살고
때와 기회를 기쁜 마음으로 기다리며
주어진 운명에 기꺼이 순응할 수 있게 되기를.

찻잔은 주전자보다 낮아야 물을 얻는다

"강 국장님은 영어를 잘하는 거예요."

유럽 여행을 하면서 가장 안타까운 게 영어 실력이었다. 뭔가 할 말은 많고 따질 일도 많다. 가령 바르샤바의 숙소 노보텔에서 조식을 미리 예약하지 못해 카드로 결제하려 했을 때다. 식당 앞을 지키던 스태프는 내가 카드를 내밀자 기계에 한번 그어보더니 카드를 내밀며 손가락을 좌우로 흔들었다.

"이 카드 안 돼. 정지 먹었나봐. 딴 거 줘."

호텔 스태프로서는 매우 무례한 행동이었다.

"이런 젠장. 지금까지 수십 번 넘게 그 카드로 결제했지만 한 번도 안된 적이 없었다고. 어제 잔액을 확인한 체크카드란 말이다, 이 녀석아. 게다가 호텔에서 일하는 서비스맨이 고객에게 이토록 무례하게 구는

게 말이 되나? 매니저와 이 문제에 대해 이야기 나누고 싶다. 정식으로 항의하겠다"라고 말하고 싶었다. 근데 입이 옴싹달싹 떨어지지를 않는다. 속이 부글부글 끓었다. 꾹 눌러 참고 다른 카드를 내밀었다. 그것도 안 된다. 화가 머리끝까지 솟아올랐다. 지갑에서 비상용으로 가져온 모든 카드를 꺼냈다. 그러자 옆에 있던 다른 스태프가 뭔가 이상하다는 표정이 됐다. 잠시 어디론가 가더니 새 기계를 가져왔다. 다시 카드를 그어보니 띠리릭 결제가 됐다. 이런, 기계의 문제였다.

그런데 이 스태프, 단 한마디의 사과도 없었다.

"니가 착각해서 폐를 끼쳤으면 미안한 마음이 없더라도 '아임 쏘리' 정도는 하는 거다. 너는 매너도 모르니? 호텔에 근무하는 사람이 그 정도의 매너도 없으면 어떻게 하냐?" 이런 말이 입 밖으로 투두둑 튀어나갈 수 있는 정도로 영어를 잘했다면 얼마나 좋을까. 하지만 내가 할 수 있는 것이라곤 한 번 째려봐주는 것이 전부였다.

내가 씩씩거리며 선생에게 상황을 설명했다. 그러고는 "영어를 좀 잘했으면 정말 좋겠어요"라고 했다. 그러자 선생이 말했다.

"강 국장님은 영어를 잘하는 거예요."

"네? 무슨 그런 말씀을?"

"유창하게 한다는 뜻이 아닙니다. 필요한 만큼의 어조와 어눌함이 있다는 거예요."

"…?"

선생의 설명이 이어졌다. 당신 친구 중에는 영어를 매우 잘한다고 늘 자랑하던 분이 있었다고 한다. 그랬는데 언젠가 함께 외국 여행을 떠날 기회가 있었단다. 당연히 영어를 아주 잘할 것이라 생각했는데, 이분의 영어가 아주 곤란한 경우였던 거다. 언어의 기본은 일단 의사 전달인데 그게 전혀 안됐다는 거였다. 길을 묻거나 물건을 사거나 차표를 끊을 때도 항상 "유 노?"로 시작하며 어깨를 으쓱하는 이상한 버릇만 선보였을 뿐이고, 그걸 본 상대방은 영어를 잘하는 줄 알고 빠르게 연음을 붙여 말하는 바람에 밥도 잘 못 얻어먹었다는 것이다.

"거기에 비하면 강 국장님의 영어는 솔직하지요. 내가 지금 무언가 아쉬워서 부탁하는 사람의 어조와 태도가 잘 배어 있어요. 묻고자 하는 내용을 아주 정확하게 전달하죠. 그래서 지금껏 기본적인 의사소통에는 별다른 지장이 없었던 거예요. 아주 거칠게 얘기하면 '얻어먹을 자세가 되어 있다는 것'이죠."

응? 거지같다는 뜻인가? 선생의 이야기가 이어졌다.

"'얻어먹을 자세가 되어 있다'고 해서 강 국장님이 '거지같다'는 의미는 아니에요. 절대 오해 마세요. 그게 모든 서비스업에 종사하는 사람의 기본 자세라는 의미예요. 칭찬이지요. 서비스업이란 서비스를 제공하고 돈을 받는 거니까요. '찻잔은 주전자보다 낮아야 물을 얻는다'는 말이 있어요. 자신을 낮추는 것은 기본입니다. 자신을 낮춘다는 게 뭐겠어요. 잘난 척 안 하고 허세 부리지 않는 거예요. 자존심 안 세우는 거고요."

마흔 살 무렵부터 난 성공한 사람들의 인터뷰나 책을 꽤 읽었다. 그 무렵 출판 시장에서 그런 책들이 꽤 잘 팔렸다는 게 아마 가장 큰 이유였을 것이다. 그런 책들을 참고해서 나도 그런 베스트셀러를 하나 내고 싶은 욕망이 가장 컸다. 하지만 꼭 그것 때문만은 아니었다. 나는 꽤 어렸을 때부터 '저 사람은 왜 잘됐을까?' 그게 늘 궁금했다.

어린 시절에는 위인전을 읽었다. 세상을 바꾸고 인간을 이롭게 한 사람들은 정말 무엇이든 뛰어났다. 능력도 있었고 인성도 좋았다. 아쉬운 건 내용이 대부분 비슷하다는 점이었다. 모두 정직했고 모두 꿈을 크게 가졌으며 모두 의를 위해 생을 바쳤고 모두 다른 사람을 위해 자신을 희생했다. 부모님 몰래 나는 절대 '위인'은 되지 않겠다고 생각했다. 인생의 낙이 없이 사는 사람들 같았다. 그러다 나중에 알았다. 위인전은 위인의 삶을 빌려 우리에게 '도덕'을 가르치는 윤리 교과서였다. 따라서 위인전처럼 사는 건 '불가능' 그 자체였다.

내가 알고 싶은 건 그게 아니었다. 나이가 들수록 궁금해졌다. 왜 저 사람은 돈을 많이 벌게 됐을까, 왜 유명해졌을까, 왜 인기가 많을까, 어떻게 글을 잘 쓰게 됐을까 등. 이런 것들. 그건 결코 한 사람에게서 배울 수 있는 자질이 아니었다. 삶은 유한하고 인생은 짧다. 그렇기에 삶은 모든 것을 경험해보도록 허락하지 않는다. 저마다에게 저마다의 무언가를 맡긴다.

하지만 얼마 안 가 나는 내 궁금증을 잊어버렸다. 스무 살 대학 입학과 함께 너무 많은 자유가 펼쳐진 까닭이었다. 시간은 넘쳐났는데 할 일은 없었다. 그렇다고 젊음을 맹숭맹숭 평범하게 보낼 수는 없다는 이상한 치기가 있었다. 그래서 술을 마셨다. 당시 술값을 다 모았으면 집을 한 채 샀을 거다. (이건 그냥 농담이 아니다. 술을 마시지 않은 내 학과 동기와 대학원 후배는 실제로 20평대의 아파트를 샀다. 진심으로 부러웠다.)

군대를 다녀오고 대학원에서 4년여를 공부했다. 그러고 나니 20대는 눈 깜짝할 사이에 흘러갔다. 절대 할 수 없을 것 같다고 생각했던 결혼을(누가 나처럼 돈 없는 대학원생에게 시집을 오겠어? 그런 생각으로 살았다. 아내에게 진심으로 고맙다) 기적처럼 한 나는 가족을 꾸리고 생계를 위해 직장에 들어갔다. 직장 생활이야말로 정말 꿈같이 흘러갔다.

마흔이 넘었을 때 정신이 퍼뜩 들었다. 이 나이 되도록 나는 무엇을 이루었는가. 더 정신이 번쩍 드는 질문도 있었다. 만약 지금 회사를 그만둔다면 내 가족을 먹여 살릴 수 있을까? 모아놓은 돈도 없었다. 그나마 퇴직금으로 몇 달 정도 가족을 부양할 수 있을까? 곧바로 이직을 할 수 있을 것 같지도 않았다. 한국 경제가 저성장 기조로 들어선 데다 업계 자체가 심한 불경기에 들어서고 있었기 때문에 다른 회사들도 구조조정을 하면 했지 날 받아줄 것 같지는 않았다. 그렇게 생각하니 '기술'을 배워놓지 않은 게 후회스러웠다.

"내가 선물 같은 도박성 투자에 손대지 않는 한, 난 망하기 어렵습니다. 만에 하나 망한다 해도 뭐 그리 걱정 안 합니다. 나는 일식집 다시 시작하면 됩니다. 횟칼 손에 들면 1년 만에 손님들 그득 들어서는 식당 만들 자신이 있습니다."

박 선생은 늘 내게 이렇게 말했다. 약간 과장 좀 보태서 나는 선생의 수백억 재산보다 선생이 가진 '회를 치고 요리하는 기술'이 더 부러웠다. 자기 삶을 다른 그 어떤 것에도 맡기지 않고 자신이 헤쳐 나갈 수 있는 통제력이 정말 부러웠다.

아마 그 무렵부터였을 것이다. 틈틈이 잘된 사람들의 인터뷰나 책을 찾아 읽게 된 것은. 그건 궁여지책이었다. 살다보면 '난 사람'들이 있다. 그들이 잘 나가는 건 책을 읽어서도 아니고 누구한테 배워서도 아니다. 그냥 날 때부터 어떻게 하면 잘되는지를 아는 사람들이다. 그런 사람들은 젊은 시절 꽃을 피운다. 너무 늦기 전에 세상에 자신의 이름을 날리고 부와 명성을 얻는다. 하지만 그런 사람은 정말 극히 드물기도 하거니와 내가 배우고 따라할 수 있는 영역이 거의 없다. 재능은 훔칠 수 없는 자산이다.

하늘이 도운 천재들은 성공과 부를 거머쥐는 것이 매우 쉬운 일인지도 모르겠다. 그들도 그들 나름의 노력이 왜 없겠냐마는, 그래도 난 김희선을 볼 때마다, 전지현을 볼 때마다, 장동건을 볼 때마다, 지드래곤을 볼 때마다 생각한다. '저들은 전생에 나라를 구했거나 인류 평화에 크게 이바지했을 거다.' 그러지 않고서는 저런 외모와 재능을 선사받았을 리 없다. 물론 간혹 텔레비전에서 만나게 되는 재벌가 자제들이나(물론 이들 중 상당수는 열심히 노력한다) 알부자 집 자제들도 마찬가지다. 평생 하루 수천만 원씩 써도 다 쓰고 죽지 못할 만한 돈을 물려받는 사람들로 태어나려면 전생에 수십, 수만 명을 도왔다고 봐야 하지 않을까.

문제는 그렇지 못한 사람들이다. 물려받은 재산도, 재능도, 외모도 크게 별 볼 일 없는 나는 그러면 어떻게 해야 할까. 나는 내 자신을 너무도 사랑하기에, 아주 쿨하게 '이번 생에서는 어렵겠다. 다음 생을 기약하자'라고 생각할 수는 없었다.

내가 내린 결론은 '다음 생은 모르겠다. 이번 생에 어떻게든 해결해 보자'였다. 잘 모르는 사람은 잘 아는 사람에게 배워야 한다. 그게 삶의 원리다. 성공하는 방법을 모르면 성공한 사람에게 배워야 한다. 돈 버는 방법을 모르면 돈 버는 방법을 잘 아는 사람에게 배워야 한다. 권력을 갖는 방법을 알고 싶으면 권력을 가진 사람에게 물어야 한다. 그래서 배워야 한다.

배우는 방법은 관찰밖에 없다. 잘된 사람(어떤 기준에서든)은 대개 본인이 왜 잘됐는지 모른다. 그러니 잘 모르는 사람은 그들을 '관찰'하면서 그들이 남긴 글과 대화 등을 참고해서, 그 안에서 삶의 원리를 찾아내는 수밖에 없다. 나는 일단 그렇게 하기로 했다. 자기 자신을 잘 모르는 사람들의 인터뷰 행간을 읽으려고 노력했다. 내가 보기에 잘될 수밖에 없는 요인을 하나하나 찾아내기로 했다. 그러다보면 뭔가 거대한 그림이 만들어지는 한편, 아주 디테일한 방법들도 알 수 있게 되지 않을까 싶었다. 이런 방식으로 '잘되기 위한 요인'들을 한번 리스트화하고 싶었다. 마치 '행동 규칙'처럼.

그 과정에서 수많은 사람들의 일화와 자서전, 전기, 인터뷰 등을 접하게 됐는데, 그들을 관통하는 공통점이 하나 있었다. 바로 '자존감'은 매우 높은 반면, '자존심'은 꽤 쉽게 내동댕이칠 수 있다는 점이었다. 백종원 씨가 어느 인터뷰에서 한 말이 기억난다.

"장사에서 음식 맛은 기본이에요. 음식을 파는 게 아니라 자존심을 파는 거라고요. 자신을 손님 앞에서 낮출 수 없는 사람은 음식 장사 하면 안 돼요. 망해요."

대한민국 자동차 세일즈의 전설 박노진 대표(쉐보레 동서울 대리점 대표)는 자동차 세일즈를 할 때 신발장 위에 대접을 하나 두고 아침마다 거기에 자존심을 내려놓고 나가는 마음 의식을 치렀다고 한다.

자존심을 내려놓지 않으면 허세가 붙는다. 없어도 있는 척하게 되고 몰라도 아는 척하게 된다. 박 선생이 나에게 "영어를 잘한다"라고 한 건 '허세'를 부리지 않는다는 것이고 자존심을 내려놓았다는 것일 게다.

벼가 익을수록 고개를 숙이는 이유는, 숙일 수 있을 만큼 속이 알차게 영글었기 때문이다.

대통령이 표를 얻는 것이나 장사꾼이 손님을 맞이하는 것이나 직장인이 상사를 대하는 것이나 거지가 돈을 동냥하는 것이나 원리는 같다. 자존감으로 충만하여 자존심을 내려놓고 숙이느냐, 자존감은 땅에 떨어진 상태로 자존심만 남아 숙이지 못하느냐가 차이를 만든다.

어쨌든 찻잔은 주전자보다 낮아야 물을 얻는다.

한 걸음씩 가자

"기지도 못하는 주제에 뛸 생각부터 하면 안 되는 거죠."

슈투트가르트 벤츠 박물관 옆 벤츠 매장 앞. 나는 마이바흐 앞을 떠나지 못하고 있었다. 아, 이걸 한번 타보고 죽어야 하는데. 그때 옆에 있던 박 선생이 싱긋 웃으며 물었다.

"무슨 생각해요?"

속마음을 털어놓기엔 좀 그랬다.

"집으로 돌아가면 진짜 엄청 노력해서 빨리 경제적 자유를 얻고 싶다는 생각을 했어요."

"뭐든지 해서 돈 많이 벌고 싶어요"를 좀 고급스럽게 말했는데, 선생의 표정이 갑자기 심각해진다.

"돈 많이 벌고 싶다고 갑자기 과욕을 부리면 망해요. 큰일 납니다."

"네?"

"강 국장님 속마음을 내가 알죠. 회사 14년인가 다녔다면서요. 그러다 자의든 타의든 그만뒀으면, 14년간 따박따박 받던 월급이 끊긴 거죠. 마음이 급해질 겁니다. 강 국장님만 그런 거 아니에요. 명퇴해서 퇴직금 몇 억씩 챙겨들고 나온 대기업 출신들도 똑같아요. 그 사람들 마음도 강 국장님이랑 비슷하죠. 십 몇 년씩 회사 다닌 사람들, 다 회사에서 인재 아니었겠어요? 스스로에 대한 자신감도 무척 크죠. 안 그래요?"

눈치 빠르다.

"그래서 조급해집니다. 사실 회사를 중간에 나오면 제일 먼저 해야 할 일은 창업이 아니에요. 우선 씀씀이를 대폭 줄이는 거예요. 버는 돈은 없는데 씀씀이는 예전과 똑같다면 퇴직금을 수억 원 받아도 금세 뭉텅뭉텅 사라지죠. 어어 하는 사이에 모아둔 돈을 꽤 까먹고 나면, 갑자기 마음이 바빠집니다. 귀도 덩달아 얇아지죠. 얼마만 투자하면 월 수익 얼마 보장, 이런 글귀가 귀에 와서 팍팍 꽂히는 거예요. 덜컥 프랜차이즈 가입해서 가게를 냅니다. 거기서부터 고생 시작되는 거예요."

틀린 말이 아니다. 고개를 끄덕이며 들었다.

"그게 되겠어요? 식당 하는 사람들은 뭐 바보인가요? 몇 십 년 살아남은 식당이나 업소들은 정말 엄청난 노하우와 내공을 갖고 있어요. 그런 시장에 겨우 몇 달 음식 만드는 법 배우고, 한 며칠 장사하는 법

배워서 내는 가게가 살아남겠어요? 그것도 자기 몸 안 움직이고 카운터에 앉아서 입으로만 '김군아, 이양아' 이렇게 불러대면서 돈을 벌겠다고요? 말도 안 되는 거죠. 회사 나오면 다른 거 없어요. 제일 먼저 씀씀이 줄이고 몸을 확 낮춰야 해요. 바닥부터 차근차근 시작할 각오를 해야 한다 이겁니다. 강 국장님, 내 말 명심해요. 주위에서 난 정말 많이 봤어요. 마음이 급하면 욕심이 눈을 가리고, 욕심이 눈을 가리면 돌이킬 수 없는 실수를 하게 됩니다."

선생의 말을 듣던 내 머릿속에 이런 문장이 떠올랐다.

"현실이 막막하고 짜증 나는 이유는 한 번에 점프하려 하기 때문이다."

유명 작곡가 신사동 호랭이가 한 말이다. 신문 인터뷰에서 이 말을 접했을 때 '그가 잘되는 이유가 분명히 있구나'라고 생각을 했던 기억이 났다. 사람은 시기마다 배울 게 있는데 그걸 뛰어넘고 한 번에 '스타'가 되려고 하니까 중간에 있는 고생이 억울하게 느껴지는 거라고도 했다. 한마디로 조바심, '졸갑증'(조급하고 갑갑한 증세) 때문이라는 것이다. 그래, 그놈의 '조바심'과 '졸갑증'. 연예계 지망생에게만 해당되는 말은 아니다.

신사동 호랭이는 요즘 젊은 사람들이 툭하면 다 때려치우고 새 출발하고 싶어 하는 것을 못 견디겠다고도 했다. 이른바 '리셋 증후군'이다. 만약 내가 우연히라도 이 양반 회사에 연습생으로 들어가면 무척 혼났겠다. 그런 상상을 하다 혼자 피식 웃었다. 마흔일곱에 연습생? 하여튼 리셋 증후군도 비단 젊은 사람만의 문제가 아니다 싶었다.

사실 중년에 접어든 내게는 늘 어떤 '조바심' 같은 게 있었다. 빨리 무언가 이루어야 한다는 막연한 생각. 그게 한번 요동을 치면 마음이 잘 잡히지 않았다. 곧 내 삶의 끝이 훅 하고 다가올 것 같은 불안함. 그 게 마흔을 넘어서면서부터 항상 마음 어딘가에 숨어 있다가 조금만 마음이 무너져도 곧바로 튀어나와 난장을 부렸다. 남들은 다 20~30대 젊은 시절, 세상의 인정을 받고 무언가 자신만의 브랜드를 이루는데 나만 뒤처진 것 같다는 생각 때문이었다. 인정을 원했고 칭찬이 고팠다.

그런 마음은 퇴사 이후에 정말 눈덩이처럼 커졌다. 소위 '먹고사니즘'은 무서웠다. 가뜩이나 조바심에 출렁대는 마음인데, 정작 몸은 빈둥대고 있으니 그 엇박자는 계속 내 몸과 마음을 울렁거리게 했다.

문제는 그 '조바심'이 무언가를 '끝까지 하는' 데에는 아주 쥐약이라는 점이다. 나는 대학 시절 기타를 좀 배웠다. 약간 코드를 잡고 치게 되니까 기성 가수들처럼 기타를 잘 치면서 노래를 하고 싶었다. 그렇게 되려면 차근차근 노력을 해서 실력을 늘려가야 할 텐데, '조바심'이라는 녀석은 나를 그렇게 차분히 내버려두지 않았다. 한 며칠 기타를 잡고 용을 쓰다가 잘 늘지 않는 데 실망해서 기타를 내던지곤 했기 때문이다. 그렇게 한동안 기타를 잊고 지내다가 또 어느 날 오디션 프로그램 한 번 보고 나면 또 기타를 꺼내 치는 것이었다.

그렇기에 내 기타 실력은 20년째 그대로다. 늘 제자리걸음이다. 나랑 비슷한 시기에 기타를 잡았던 친구들 중에는 프로급이 된 친구들이 많다. 그들은 '조바심' 내지 않고 차근차근 단계를 밟아 자신의 실력을 키웠기 때문이다. 20대 때 그걸 알았더라면 정말 많은 것을 할 수 있었을 텐데.

'외국어'도 마찬가지다. 영어 책을 사고, 전화 영어를 시도하고, 영어 학원에 다니고…. 별의별 방식으로 영어 공부를 했다. 하지만 영어 공부의 경우에도 똑같은 현상이 반복됐다. 영어를 잘해보겠다는 군은 결심이 있었고, 그에 따라 비용을 투자하는 공부 방법의 선택이 있었다. 하지만 항상 '조바심'에 걸려 넘어졌다. 아직 제대로 걷지도 못하면서 '남들처럼' 잘하고 싶은 마음에 뛰려고 욕심을 부렸다. 그 욕심만큼 실력이 늘지 않으면 영어 공부를 때려치우곤 했다. 그러다 또 어떤 계기로 다시 책을 집어들었다. 늘 그런 일의 반복이었다. 그래서 영어 실력 역시 제자리걸음이다.

이런 식으로 20년을 살아오다 보니, 더 큰 '조바심'이 마음을 뒤흔든다. 이제 내 인생의 시간이 얼마 남지 않았다는 조급함. 아무것도 이루어놓은 것이 없는데, 인생이 마지막을 향해 달음질치고 있다는 허탈감. 무언가 이루기엔 이제 너무 늦어버렸구나 하는 낙심. 그런 것들이 마음속에 소용돌이쳤다.

그러니 자꾸 욕심을 내게 되고 무리하게 된다. 후딱 소설을 써서 전

세계적인 베스트셀러를 만들어볼까? 〈강남 스타일〉 같은 노래를 하나 써서 히트시켜볼까? 저커버그처럼 제2의 페이스북을 만들어볼까? 이런 망상을 하게 될 뿐이다. 나는 좀 겁이 많은 편이라 일확천금을 바라고 잔뜩 은행 빚을 내서 창업을 하거나 하지는 않을 것 같다.

명퇴한 가장들이 창업에 뛰어드는 이유가 비단 생계만을 위한 것은 아닌 것 같다. 아마도 '만회하고 싶은 마음' 때문 아닐까. 어찌하다보니 재수가 없어 인생의 정상 행로에서 잠시 튕겨져 나왔다고 여기고 싶은 것이다. '확실하게 성공해서 만회하겠어.' 그런 심정일 것이다. 스스로를 인생의 낙오자, 또는 패배자로 간주하게 될까 봐 두려운 것이다.

생각해보면 역량 없이 벼락스타가 되는 것은 무척 위험한 일이다. 마치 추진력 없는 로켓이 공중으로 높이 쏘아 올려진 거나 다름없다. 하늘 높이 쏘아 올려졌을 때는 세상을 다 가진 듯 즐겁겠지만, 잠깐이다. 결국 정점에서 내려오기 시작하면 땅과 충돌하기 전에 어떻게 제어할 방법이 없다.

퇴사 후 중년의 우울에 시달리던 나는 늘 '조바심'을 느끼곤 했다. 조직을 떠나서도 내가 쓸모없지 않다는 것을 증명하고 싶었다. 무엇이든 해야만 한다고 생각해서 이것저것 시작해보겠다고 버둥거리기만 했다. 그럴수록 마음도 허방을 짚었다.

그럴 때 신사동 호랭이의 '한걸음 한걸음 정신'이 내게 무언가 깨달음을 줬다. '만약 내가 거쳐야 할 단계를 거치지 못했다면, 지금이라도 거치자.' 또 '이것저것 남들이 잘된 분야를 기웃거리지 말자. 내가 좋아하고 잘할 수 있는 것에 집중하자'고 생각했다.

신사동 호랭이는 늘 '작곡'을 중심에 놓고 틈나는 대로 작곡을 하면서 틈틈이 기획 업무나 업무 미팅을 한다. 작곡가는 늘 새로운 음악을 구상하는 일에 전원을 켜놓고 있어야 한다. 작가는 무엇을 쓸 것인가 24시간 내내 고민한다. 개그맨은 1년 365일 어떻게 사람들을 웃길 것인가를 고민한다. 그렇게 얼마나 자신의 '업의 본질'에 집중하는가가, 그 사람의 역량을 결정하는 것이리라.

그 '업의 본질'을 잘 아는 사람은 자기 자신에 대한 관리도 철저하다. 예전에 박진영이 텔레비전에 출연해서 십수 년간 똑같은 아침 일정(잘 관리된 식단과 운동 시간, 노래 연습 시간 등)을 해오고 있다고 말했을 때 '아, 저렇게 잘 놀고 굉장히 일상적이지 않을 것처럼 보이는 박진영 씨도 매우 수도승 같은 일상을 사는구나' 하는 생각을 했는데, 신사동 호랭이도 마찬가지였다. 그는 생활이 늘어지는 것을 막기 위해 아무리 늦게 잠들어도 오전 7시 30분에는 자리에서 일어난다고 한다. 또 술을 한 모금도 입에 대지 않는 것이 원칙이라고 했다. 프리랜서라 조금만 관리를 잘 못하면 일이 전혀 없어서 수입이 한 푼도 생기지 않을 수 있기 때문이란다. (잘된 사람들은, 당연하겠지만, 자기 관리를 참 잘한다. 과학자 정재승도 술, 담배, 골프를 안 한다. 저녁 10시에 잠들고 새벽 4시에 일어나서 아침 9시까지 집중해서 한 가지 일을 한다고 한다. 미움 받을 각오를 하고 대부분의 회식에 가지 않는다고 한다. 나 역시도 회식을 싫어한다. 하지만 다른 점은, 나는 그 회식에 끌려간다는 거다. 모든 문제는 회식에 있었던 거다! 농담이다.)

나는 지금까지 늘 화려한 '결과'만을 주목해왔던 것 같다. 어느 날 혜성같이 나타난 사람들에게 환호하고 부러워하면서도 실제 진득한 액션을 취하지는 못했다. 그냥 부러워만 하고 발만 동동 구르며 시간을 속절없이 흘려보냈다. '조바심'의 결과다. 그러나 그 과정을 찬찬히 들여다본다면 결국 답은 하나라는 생각이 든다.

갑작스럽게 성취하는 경우는 없다. 무엇인가 시도해야 한다. 소셜미디어의 스타인 킴 카다시안도 어쨌든 자신의 몸을 관리하기 위해 최대한의 노력을 기울였다. 그리고 적어도 그녀는 그걸 사진으로 찍어 SNS에 올리는 노력이라도 기울였다. 그녀가 왜 세계적인 스타가 됐는지 알 수 없다고 말하는 사람들이 있다. 하지만 나는 그렇게 생각하지 않는다. 그들이 생각하는 방법으로는 아니어도, 그녀는 그녀 나름의 노력을 '한걸음 한걸음' 했던 거다.

신사동 호랭이가 EXID의 〈위아래〉, 티아라의 〈롤리폴리〉 등 350여 곡의 히트곡을 서른두 살의 나이에 내놓은 것을 보고, "그는 천재야"라고 한마디로 규정지어왔다. 그래서 내게 더 이상의 발전이 없었던 거다. 그러나 나는 이제 안다. 그가 학창 시절 "해맑은 문제아"였고 고등학교 1학년 때 아이돌이 되기 위해 서울로 올라와서, 중국집 배달, 행사 진행, 가수 매니저, 음식점 주방장 등의 아르바이트로 힘겹게 생활비를 벌어야 했다는 것을 안다. 케이크워크(Cakewalk) 같은 초창기 작곡 소프트웨어를 독학으로 익힌 노력파였던 것도 안다. 그래서 지금부터는 막연한 '조바심'을 버리고 진지한 '노력'을 기울일 수 있을 것 같다.

나는 선생을 바라보며 빙긋 웃었다.

"기지도 못하는 주제에 뛸 생각부터 하면 안 되는 거죠."

선생이 잠시 눈을 치떴다가 미소 지었다.

"콩떡같이 말해도 찰떡같이 알아듣네. 이제 우리 부부 같네요, 부부."

징그럽게 왜 이러실까.

가난

"오늘 하이델베르크 대학 주변을 거닐며
난 잠시 동안 대학생이 되었소."

여행의 마지막 날, 내일이면 한국으로 떠나는 바로 그날 아침, 선생은 하이델베르크에 가자고 했다. 전날 하루 종일 걷고 또 걷는 강행군을 했던 데다 내일은 또 11시간 비행기를 타야 한다. 유독 비행기 타는 것을 싫어하는 선생인지라 오늘만큼은 숙소에서 쉬리라 여겼던 터라 무심코 물었다.

"왜요?"

"거기에 독일에서 제일 오래된 대학이 있다면서요?"

프랑크푸르트에서 가볼 수 있는 인근 도시들을 며칠 전에 선생에게 소개한 적이 있었다. 쾰른에는 대성당이 유명하고 슈투트가르트에는 벤츠 박물관, 포르쉐 박물관이 있다. 또 프랑크푸르트에서 1시간 정도 떨어진 곳에 있는 하이델베르크에는 독일에서 제일 오래된 하이델베르크 대학이 있다. 여행 책자에 나온 정보를 읽어드렸는데 선생은 그걸 기억하고 있었던 것이다.

"거긴 꼭 가보고 싶어요."

하이델베르크로 가는 기차는 푸르른 녹음처럼 싱싱한 젊음의 독일 대학생들로 넘실거렸다. 삼삼오오 모여 재잘재잘 대는 소리들이 기차 안을 가득 메웠다. 아주 잠깐 동안 대성리와 청평으로 MT를 떠났던 90년대 초의 어느 봄날이 환기되는 기분이었다. 그냥 같은 학번 친구들, 선후배들과 기차를 타고 민박집을 향해 가는 것 하나만으로 마음이 설레던 때였다. 그리움과 아쉬움이 범벅이 된 달콤한 슬픔이 잠시 마음속을 돌아다녔다.

우리가 탄 기차는 1시간 만에 프랑크푸르트에서 하이델베르크까지 주파하는 고속 기차가 아니라 역마다 서는 완행 열차였다. 약 1시간 40분 정도 지나서 하이델베르크 메인 역에 도착했다. 어제 비가 잠깐 내렸는지 땅은 질었지만 공기는 맑았고 그 맑은 공기 가운데로 햇살이 쨍하고 부서졌다. 청량한 맑음, 대학생들의 청춘을 닮아 있었다.

버스에 올라 하이델베르크 대학 광장에 이르렀다. 함께 내렸던 학생들은 일요일임에도 이곳저곳에 흩어진 대학 건물들로 스며들었다. 마침 노동절이라 광장 한 켠에서는 '연대'를 제안하는 집회가 열리고 있

었다. 선생은 그 혼잡한 틈에 끼어들어 알아들을 수 없는 독일어를 꽤
오랫동안 듣고 있었다. 가끔은 걸음을 멈추고 눈을 감고 무언가를 생
각하는 듯 보이기도 했다.

　대학 광장을 지나 하이델베르크 성에 올랐다. 아래에서 올려다봐도
예쁘고 위에서 내려다보면 최고의 풍경이 펼쳐진다는 성이었는데 실
제로 그랬다. 마치 우연이 가져다준 선물 같은 풍경이 펼쳐졌다. 케이
블카를 타고 올랐다가 내려올 때는 건물 사이의 작은 골목길로 걸어
내려왔다.

"아주 행복했어요."

선생은 골목길을 내려오며 함박웃음을 지었다.

"난 항상 허기져 있었어요. 공부에, 지식에. 꼭 배고프고 돈 없는 것만 가난한 게 아니에요. 배움에 있어서도 가난이 있어요. 난 배우지 못하고, 아주 어렸을 때부터 돈을 벌어야 했으니까요. 한평생 돈을 벌고 성공하기 위해 앞으로만 내달려야 했어요. 그럴수록 배움에 대한 허기는 더 커졌고, 그러면 더 돈을 벌었지요. 그렇게 살다가 어느덧 눈을 들어보니 내 나이 예순이에요. 최선을 다해 살았기에 후회는 없지만 배움에 대한 미련이 남아요. 늘 그 가난이 마음 아팠지요. 강 국장님처럼 좋은 부모 밑에서 때를 놓치지 않고 배워야 할 때에 제대로 교육을 받을 기회를 가진 사람들이 언제나 부러웠어요."

진심은 귀가 아니라 심장으로 전달되는 법. 선생의 말이 진심이라는 것을 내 심장은 느낄 수 있었다.

선생은 여행 내내 묻고 또 물었다. 나는 알고 있는 모든 지식을 총동원해서 선생의 질문에 대답해야 했고, 잘 모르는 것은 인터넷을 검색해서 읽어드려야 했다. 그래도 선생의 호기심은 멈출 줄 몰랐다. 며칠 굶은 사람이 허겁지겁 밥을 삼키듯 선생은 유럽에서 보고 들은 모든 것을 이해하고 기억하겠다는 태세로 묻고 또 물었다. 한국사와 세계사를 넘나들었고, 건축과 과학을 망라했다. 그토록 선생의 질문은 폭넓었고 집요했다.

시간이 지날수록 선생의 마음속에 맺힌 옹이를 이해하게 됐다. 사랑에 주린 아이가 끊임없이 무언가를 집어삼키는 것처럼, 선생은 배움의 배고픔, 지식의 가난에 한을 품고 있었던 것이다.

"근데 오늘 하이델베르크 대학 주변을 거닐며 잠시 대학생이 되었소. 내 주름진 이마와 배움의 때를 놓친 처지를 모두 잊고 대학에서 미친 듯이 공부하는 파릇한 학생이 되었다오. 그리고 그 잠깐 참 행복했소. 이런 마음, 우습지요?"

천만에. 전혀 우습지 않았다. 함께 다닌 지 꽤 되었다. 주식과 경제 분야에서 선생이 내게 들려준 이야기들은 상상을 초월하는 것이었다. 어떻게 선생이 그런 법률 지식과 회계, 세금 지식, 경영 노하우 등을 체득했을까 싶을 정도로 놀라운 것이었다. 내가 책으로 읽어 습득한 지식을 선생은 이미 몸으로 다 체득해 완전히 자기만의 언어로 표현해내고 있었다. 그런 선생이었기에 얼마나 배움에 대해 한이 맺혀 있었을지 짐작할 수 있었다.

로마의 어느 카페에서였던가, 스페인 바르셀로나의 호텔에서였던가, 내가 선생에게 이런 말을 건넸다가 혼쭐이 난 적이 있다.

"선생님의 어린 시절이 결국 지금의 선생님을 만든 것 아닌가요? 강인한 생명력이랄까, 결핍과 고통이 선생님을 단련시켰달까요."

"난 그런 말 정말 싫어합니다. 겪어보지도 않고 그렇게 말하는 거 아니에요. 난 어린 시절 못 배운 게 너무도 한이 돼요. 남들처럼 제대로 배웠다면, 내가 원하는 만큼 외국어를 잘하게 되고 세계의 문화와 역사에 대해 알 수 있었다면 지금보다 100배 더 큰 꿈을 꾸고 그 꿈을 이룰 수 있었을 것 같아요. 앞으로 농담이라도 그런 말 마세요. 배움의 결핍이 누군가를 단련시킨다고요? 절대 아니에요. 키울 수 있는 꿈의 크기와 붙잡을 수 있는 기회의 수를 줄일 뿐입니다."

선생의 눈에서 불이 튀는 줄 알았다. 한 영민하고 재능 있는 젊은이가 얼마나 배움에 목말랐는지, 그 배움을 통해 더 큰 꿈을 꾸지 못했음을 얼마나 한스러워했는지 어렴풋이 느낄 수 있었다. 그런 선생의 마음을 어찌 우습다 할 것인가.

좁은 골목을 걸어가느라 내가 선생의 뒤에 서게 됐다. 사람의 뒷모습은 참 솔직하다. 앞에서 볼 때는 당당하고 거침없고 야성적인데, 선생의 뒷모습은 어딘가 모르게 애처롭고 애잔하다. 잠시, 상상 속에서 대학생이 되어보고 행복했다는 선생의 어깨를 가만히 안아주고 싶었다.

"근데요. 선생님, 왜 저랑 여행을 떠나려고 생각하신 거예요? 장성한 아드님도 두 분이나 계시고, 두 분 다 영어도 저보다 훨씬 유창한데요."

돌아오는 비행기 안에서 여전히 창밖을 뚫어지게 보고 있는 선생에게 물었다. 선생은 긴 여행에 조금은 시달린 듯한 낯빛이었다. 선생이 말했다.

"내 방식으로 강 국장님께 고마움을 표한 겁니다."

"무슨… 고마움… 말씀이세요?"

선생이 약간 거친 경상도 사투리로 천천히 이야기를 시작했다. 선생의 큰아들 이야기였다.

선생의 큰아들은 학창 시절에 정말 공부를 안 하기로 유명했다고 한다. 고등학교 졸업할 무렵에는 갈 수 있는 대학이 거의 없을 정도였다. 결국 성에 차지 않는 대학에 적을 걸어 두고 입학과 함께 입대했다.

"그때 내가 큰아들에게 모진 말을 했지요. 네가 제대로 된 한 사람의 몫을 못하면 내가 일군 부와 성공도 물거품처럼 되고 만다고요. 알아서 잘 처신하라고요. 그러고는 냉정하게 군에 보냈습니다. 나중에 내가 면회를 가니까 아들 녀석이 울더군요. 아버지는 절대 면회 같은 건 오지 않을 거라 생각했더랍니다. 그러면서 얘기하더군요. 아버지가 쓴 책을 읽었다고요. 그 책을 읽고 깨달았답니다. 하고자 하는 간절함 하나로 아버지는 그 험난한 환경을 뚫고 일어섰다는 것을요. 그래서 자신도 죽기 살기로 해보겠다고요."

큰아들은 제대 후 호주로 유학을 떠났고 영어 공부와 학과 공부를 병행하며 결국 회계사 시험에 합격해서 국제공인회계사가 됐다.

"아들 녀석이 그럽디다. 그 책을 읽으며 마음속에 한마디를 새겼답니다. '포기라는 말은 지우자.' 그 말이 참 고맙더군요. 안심이 됐어요. 아버지의 생각과 정신이 아들에게 전해진 것이니까요. 그걸 가능하게 해준 책, 그 책을 만들어준 강 국장님에게 고마움을 표하고 싶었습니다."

고개를 끄덕였다. 그랬구나. 그 책이 그런 아름다운 장면을 만들어 냈구나. 보람과 뿌듯함이 마음 저 깊은 곳에서 솟아올랐다.

"근데요. 선생님, 왜 하필이면 배낭여행이에요? 그것도 두 달 동안이

나요. 고되고 힘든데. 한 열흘 편하게 다니셔도 됐잖아요."

선생은 단호하게 고개를 저었다.

"난 강 국장님께 고마움의 선물로 여행을 선물하고 싶었어요. 관광을 선물하려 했던 게 아닙니다."

"…!"

무슨 뜻인지 단박에 알 것 같았다. 선생이 말을 이어나갔다.

"여행은 인생을 닮았지요. 막막한 가운데 스스로 나아갈 길을 찾고 어려움을 견디고 그러면서 멋진 순간들을 경험하고 추억을 남기는 겁니다. 누군가 정해준 코스대로 다니며 기름진 밥을 먹고 호화로운 잠을 자는 관광 같은 인생은 단언컨대 없습니다. 강 국장님이 잠시 찾아온 인생의 휴식기에 진짜 여행을 통해 인생의 의미를 다시 생각해보길 바랐어요."

마음이 저릿했다. 여행을 떠나기 전 일정을 계획하며 마주했던 불안과 설렘, 두려움과 기대가 머릿속에 울렁거리는 듯했다. 인생이란, 삶이란 어디로 흘러가는지 모르는 것이다. 그럼에도 최선을 다해 분투하고 견디고 개척하고 성취하는 것이다. 마치 배낭여행처럼.

"그리고…."

선생이 말을 이었다.

"나 역시 삶을 돌아볼 시간이 필요했습니다. 어려운 환경을 헤치고 내 생의 의미를 만들기 위해 애써왔는데 그걸 한 번쯤은 되돌아보고 싫었지요."

야생마 같다고 늘 생각했던 선생의 얼굴에 피곤이 스치는 듯했다.

"이제 곧 내 나이 육십입니다. 육십 이후의 삶은 보너스지요. 늘 그렇게 생각했어요. 언제 하늘이 날 데려갈지 모르지요. 그전에 한 번쯤 여행 속에서 날 만나고 싶었던 겁니다. 그리고 그런 생각들을 기록으로 남기고 싶었어요. 강 국장님이 여행 중에 차분히 그 내용들을 정리해줄 수도 있겠다, 그렇게 남몰래 바랐습니다. 예상했던 대로 제 생각을 잘 헤아려주었더군요. 돌아가서 이 책이 출간되면 이 책 역시 독자들에게 공증을 받는 책이 될 겁니다. 첫 번째 책이 내 자신의 인생을 부끄럽지 않게 살아가겠다는 결심을 독자들에게 공증받은 것이었다면, 강 국장님이 쓸 두 번째 책은 내 아이들의 삶을 미리 대신해서 독자들 앞에 공증받는 겁니다. 겸손하고 성실하게, 진취적이고 도전적으로 세상을 살아갈 수밖에 없도록 아버지가 씌운 굴레가 되었으면 좋겠네요. 그걸 만들기 위한 여행이었던 거예요, 나에게는."

비행기는 어느덧 인천공항에 내려앉았다.

나는 분명히 느껴졌다. 여행 전과 조금은 달라진 나 자신을.

그리고

여행은 인생을 참 닮았다는 것을.